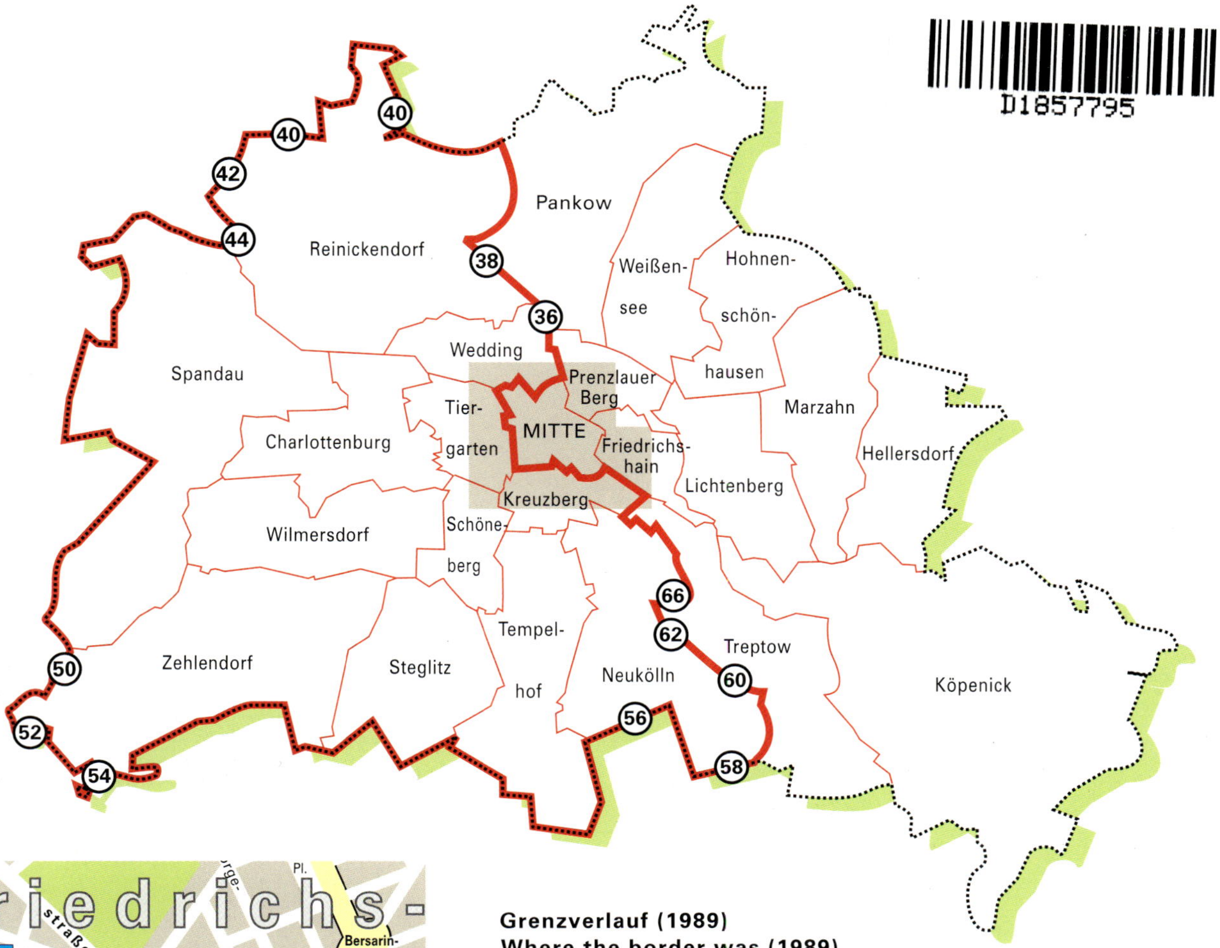

Karte Edition Gauglitz

Grenzverlauf (1989)
Where the border was (1989)
Lassage de la frontière (1989)

Grenzübergänge
Crossing points
Postes frontière

Mauerdenkmale
Wall memorials
Monuments commémoratifs du mur

Die Zahlen in Kreisen beziehen sich auf die Seiten im Buch (12)

The numbers in circles refer to the pages in the book

Les chiffres dans les cercles correspondent aux pages du livre

U-Bahn	(als Hochbahn)
U-Bahn routes	(above ground)
Métro	(aérien)

S-Bahn	(unterirdisch)
S-Bahn routes	(below ground)
S-Bahn	(souterrain)

Bezirksgrenzen
Borders between districts
Limites des quartiers

Eine Stadt wächst zusammen
A City Grows Together
Une ville se ressoude

Eine Stadt wächst zusammen

Was aus der Berliner Mauer wurde

Texte: Gabriele Camphausen (Essay)
und Christian Bahr
Fotos: Günter Schneider

A City Grows Together

What became of the Berlin Wall

Une ville se ressoude

Ce qu'est devenu le mur de Berlin

Jaron Verlag

Originalausgabe
2. Auflage 2001

Übersetzungen: Victor Dewsbery, Berlin (englisch),
Françoise Hynek, Berlin (französisch)
Bildrecherche: Doris Liebermann, Berlin
Karte auf Vor- und Nachsatz (Berlin 1999 mit Grenzverlauf von 1989):
Edition Gauglitz, Berlin
Umschlaggestaltung: Atelier Kattner, Berlin, unter Verwendung von Fotos von Günter Schneider (vorn großes Foto: Brandenburger Tor und Umgebung 1999, hinten: Checkpoint Charlie 2000) und der Landesbildstelle Berlin (vorn kleines Foto: Brandenburger Tor und Umgebung 1966)
Satz: LVD GmbH, Berlin
Druck und Bindung: Druckhaus Berlin-Mitte GmbH, Berlin
ISBN 3-89773-008-1

Was aus der Berliner Mauer wurde

Ein Essay

In der Nacht zum 13. August 1961 begannen Soldaten der Nationalen Volksarmee und Angehörige der Deutschen Volkspolizei, unterstützt von SED-Kampfgruppen und Pioniereinheiten, mit der Absperrung Ost-Berlins. Der östliche Teil der Stadt wurde hermetisch abgeriegelt – zunächst durch Stacheldraht, Holzbarrikaden und Panzersperren, nach wenigen Tagen durch eine gemauerte Sperranlage. Die „Berliner Mauer“ entstand.
Hinter dem Begriff Mauer verbarg sich in der Realität ein umfangreicher militärischer Sperrgebietskomplex, der aus einer Vorderlandmauer (Richtung West-Berlin) und einer Hinterlandmauer (Richtung Ost-Berlin) bestand, zwischen denen sich ein breiter Grenzstreifen mit Kolonnenweg, Kontroll- und Schutzstreifen, Beobachtungstürmen, Signalzaun- und Beleuchtungsanlagen sowie Sperrbefestigungen befand. Die Grenzsperren wurden in mehreren Schritten verändert und verschärft, ab 1976 schließlich durch die modernisierte Mauerform aus Fertigbetonteilen ersetzt. Über 100 Kilometer Mauer aus 45 000 Betonelementen gab es in und um Berlin, rund 120 Kilometer Zaunanlagen und mehr als 250 Beobachtungstürme.
Dennoch versuchten auch nach dem Mauerbau noch Tausende die Flucht aus Ost-Berlin in den anderen Teil der Stadt. Über 150 Menschen verloren dabei ihr Leben.

28 Jahre liegen zwischen dem Beginn des Mauerbaus und dem Fall der Mauer – mehr als nur ein beiläufiges Intermezzo deutscher Geschichte. Es sind Jahre, die langfristige Konsequenzen bewirkt haben: sichtbare wie fühlbare, konkret-gegenständliche wie geistige, gesellschaftliche wie individuelle.
Die Mauer brachte vieles zum Stillstand. Sie war nicht nur eine bauliche Sperre zwischen zwei Stadthälften, sie wurde auch zu einer politischen, mentalen und sozialen Grenze. Sie unterbrach abrupt private und familiäre Beziehungen, sie produzierte zwei Halbstädte, die ihren Kontextpartner verloren hatten, sie zerstörte Lebensräume. Sie versperrte den Ostteil innerlich wie äußerlich. Sie war die steingewordene Propaganda des vermeintlichen „Schutzwalls gegen die Bonner Ultras“ und letztlich doch nur Symbol für die von der DDR-Führung praktizierte Repression gegen die eigene Bevölkerung.
Schock und Empörung nach dem Mauerbau waren groß. Doch die erhoffte Rücknahme der Absperrung blieb aus, das Unfaßbare wurde zum Alltag. Ende der sechziger Jahre wich, zumindest im Westen, die direkte Auseinandersetzung mit der Mauer allmählich dem neuen Kurs der Entspannungspolitik. Man versuchte, mit dem Unweigerlichen zurechtzukommen und es zugleich zu mildern. In diesem Klima, das aus einem offensichtlichen Bedürfnis nach Ruhe und

What became of the Berlin Wall

An essay

In the night from 12th to 13th August 1961, soldiers of the National People's Army and members of the German People's Police began, with the support of SED combat groups and pioneer units, to close off East Berlin. The eastern part of the city was hermetically sealed, first with barbed wire, wooden barricades and anti-tank obstacles, and a few days later with a brick barrier. The “Berlin Wall” came into existence.
The term “Wall” actually represented an extensive military prohibited area complex consisting of a front wall (on the West Berlin side) and a rear wall (on the East Berlin side) between which there was a wide border strip with a guards' road, a control and protective strip, watch towers, a signal fence and lighting. The border barriers were changed and fortified in several stages, and from 1976 they were finally replaced by the modernised wall form made up of prefabricated concrete sections. There were over 100 kilometres of wall in and around Berlin made up of 45,000 concrete sections, about 120 kilometres of fencing and over 250 watch towers. But even after the Wall was built, thousands still tried to escape from East to West Berlin.
28 years lay between the beginning of the construction of the Wall and the fall of the Wall – more than just an incidental episode in German history.
The Wall brought much to a standstill. It was not only a structural barrier between two halves of the city, it also became a political, mental and social barrier. It abruptly severed

Ce qu'est devenu le mur de Berlin

Essai

Dans la nuit du 13 août 1961, des soldats de l'Armée Populaire et des membres de la Police Populaire, soutenus par les Groupes de combat du SED et les unités de „pionniers“, commencèrent à encercler Berlin-Est. La partie orientale de la ville fut hermétiquement verrouillée – à l'aide de barbelés, de barricades de bois et de barrages antichars d'abord, puis, quelques jours plus tard, par un barrage en maçonnerie. Le „Mur de Berlin“ était né.
Derrière le mot mur se cachait en réalité un immense complexe militaire de zone interdite, comprenant un premier mur (vers Berlin-Ouest) et un deuxième mur (vers Berlin-Est), au milieu desquels se trouvait une large bande frontière, qui comportait un chemin de ronde, une bande de contrôle, une bande défensive, des miradors, une clôture de signalisation et des installations d'éclairage. Les barrages de la frontière furent peu à peu modifiés et renforcés, puis finalement à partir de 1976, remplacés par un mur en béton préfabriqué. Dans et autour de Berlin, il y avait plus de 100 kilomètres de mur fait de 45 000 plaques de béton, environ 120 kilomètres de palissades et plus de 250 miradors. Et pourtant des milliers de personnes tentèrent, même après la construction du mur, de fuir de Berlin-Est vers l'Ouest.
28 années se sont écoulées entre le début de la construction du mur et la chute du mur – plus qu'un simple intermezzo de l'histoire allemande.
Le mur n'était pas seulement une barrière architectonique, il devint aussi une frontière politique, men-

Ausgleich resultierte, das allerdings auch Mißstände und Unrecht ignorieren half, haben sich viele zwangsläufig in irgendeiner Weise mit der Mauer arrangiert. Dies war für die Bevölkerung in West-Berlin ungleich leichter als für die Menschen im Ostteil der Stadt, bedeutete doch die Mauer für sie keine totale Absperrung. War die Reisefreiheit für die Bewohner Ost-Berlins weitestgehend eingeschränkt, so konnten die West-Berliner, wenn auch mit einigem zeitlichen und nervlichen Aufwand, ihre Stadt mit selbstgewähltem Ziel verlassen, sie konnten verreisen und ausreisen (seit dem Passierscheinabkommen vom Dezember 1963 auch in den Ostteil der Stadt). Die direkte persönliche oder familiäre Betroffenheit ließ allmählich nach. Trotz aller Trauer, Wut und Ablehnung: Die Mauer wurde für viele zu einem Gegenstand des Alltags, ungeliebt, aber vorhanden.

private relationships, it created two halves of the city which had lost their contextual partner, it destroyed living environments. It blocked the eastern part of the city both internally and externally. It cast in stone the propaganda of the alleged "protective wall against the ultras in Bonn", but in the last resort it was merely a symbol of the way the GDR government repressed its own population. The construction of the Wall gave rise to much shock and protest. But

tale et sociale. Il mit brutalement fin aux relations privées et familiales, il créa deux demi-villes qui avaient perdu leur partenaire historique, il détruisit les espaces vitaux. Il boucla la partie orientale autant intérieurement qu'extérieurement. Il était la propagande devenue pierre du prétendu „mur de défense contre les ultras de Bonn“, et en fin de compte, tout simplement, le symbole de la répression des dirigeants de la RDA contre leur propre peuple.

Bernauer Straße 15. 8. 1961

Checkpoint Charlie 26. 10. 1961

Doch der Überschwang an Emotionen nach dem Mauerfall belegt deutlich den großen unterschwelligen Unmut und Unwillen. Nach 28 Jahren Leben mit der Mauer wurde die restlose Beseitigung der Mauer zu einer dringlichen Forderung vieler Politiker und Bürger in Ost und West. Das Interesse an dem Sachzeugnis Mauer reduzierte sich vielerorts auf den Erwerb von Mauersteinen für den Kaminsims, während das Bemühen nach Bewahrung historischer Spuren im Stadtbild und im öffentlichen Gedächtnis nur vereinzelte Befürworter fand. Man wollte den Blick nach vorn richten, ohne unbequeme Rücksicht auf das Vergangene.

So existieren heute nur noch wenige Überreste der Berliner Mauer, die von der Geschichte der Teilung zeugen und berichten. Im inneren Stadtgebiet Berlins sind es die denkmalgeschützten Mauerreste an der Niederkirchnerstraße zwischen den Bezirken Kreuzberg und Mitte, die Mauer am Invalidenfriedhof in Mitte und die Mauer an der Bernauer Straße zwischen Wedding und Mitte. Diese Restspuren sollen dauerhaft erhalten bleiben. Während die Mauer an der Niederkirchnerstraße in dem angegriffenen „Zustand ihrer Überwindung“ bewahrt wird, ist an der Bernauer Straße unter Einbeziehung der Vorder- und Hinterlandmauer sowie des Kontrollpostenweges eine künstlerisch gestaltete Anlage geschaffen worden: die 1998 eingeweihte „Gedenkstätte Berliner Mauer“. An das Denkmal schließen sich, mit einzelnen Unterbrechungen, auf einer Länge von ungefähr 140 Metern weitere Originalsegmente der Vorderlandmauer an – politisch heftig umkämpft, wie auch das Denkmal selbst. Die Schwierigkeit des Erinnerns und Gedenkens hat in der Diskussion um die Bernauer Straße deutlichste Ausdrucksformen gefunden.

the hopes that the barrier would be removed were in vain, the unfathomable became a feature of everyday life. At the end of the 1960 s, at least in the West, direct confrontation with the subject of the Wall gradually gave way to the new policy of détente. People tried to come to terms with what was unavoidable, to alleviate its harshness. In this climate, many people inevitably became reconciled with the Wall in some way.

But the extreme emotions after the fall of the Wall clearly show how great the underlying outrage and indignation were. After 28 years of living with the Wall, many politicians and citizens in East and West now urgently demanded that it should be cleared away without trace.

Thus, there are now only few remains of the Berlin Wall to testify to the history of the division of the city. In the central urban area of Berlin, all that is left are the protected remains of the Wall on Niederkirchnerstrasse between Kreuzberg and Mitte, the

Le choc et l'indignation furent grands après la construction du mur. Le retrait tant espéré des barrières ne vint pas, l'inconcevable devint vie quotidienne. A la fin des années soixante, à l'Ouest du moins, les démêlés directs au sujet du mur firent place petit à petit à une nouvelle orientation: la politique de détente. On essayait de venir à bout de l'inévitable et en même temps de l'adoucir. Par la force des choses, beaucoup ont fini par s'accommoder, d'une manière ou d'une autre, du mur.

Mais les débordements d'émotions qui suivirent la chute du mur prouvent clairement la grande colère et l'indignation latentes. Après 28 années de vie avec le mur, la suppression totale du mur devint une exigence urgente pour beaucoup d'hommes politiques et de citoyens à l'Est comme à l'Ouest.

C'est pourquoi il n'existe plus aujourd'hui que peu de restes du mur de Berlin pour témoigner et informer de l'histoire de la division.

Den Schrecken des früheren Grenzregimes können die genannten Mauerabschnitte letztlich nicht mehr vermitteln. Die Zeit der authentischen Wirkung der Mauer ist mit dem Wegfall ihrer Grenz- und Wachfunktion – glücklicherweise – vorbei. Dennoch sind diese Sachzeugnisse unverzichtbar, da sie aufmerksam und hellhörig machen.

Mit dem Fall der Mauer erhielt Berlin seinen alten gesamtstädtischen Bewegungsraum wieder und sah sich zugleich doch vor gänzlich neue Anforderungen gestellt. Es galt, im Einklang von Tradition und Innovation die einmalige Aufgabe des Zusammenwachsens zu bewältigen. Zahlreiche neue Projekte wurden in den letzten zehn Jahren realisiert, um die jahrzehntelang geteilte Stadt ganzheitlich zu gestalten.

Wall by the invalids' cemetery in Mitte and the Wall on Bernauer Strasse between Wedding and Mitte.
These remains of the Wall are, in the last resort, no longer able to convey the terror of the former border regime. The time of the authentic effect of the Wall – fortunately – passed when it lost its function as a border and a surveillance system. But these factual testimonies are nevertheless necessary to wake us up and attract our attention.

Dans le centre de Berlin, on trouve des restes du mur classés monuments historiques, dans la Niederkirchnerstraße, entre Kreuzberg et Mitte, dans le Cimetière des Invalides à Mitte, et dans la Bernauer Straße entre Wedding et Mitte.
Ces pans de mur ne peuvent plus donner une idée de l'horreur que fut le régime à la frontière. L'époque de l'effet authentique du mur a heureusement disparu quand celui-ci perdit sa fonction de frontière et de défen-

Heidelberger Straße 1981

Spandau 1981

Auch wenn das Stadtbild Berlins seit dem Fall der Mauer außerordentliche Veränderungen erlebt hat und nur noch wenige konkrete Relikte der Mauer vorhanden sind, so ist die durch die Mauer hervorgerufene Zäsur auch heute an zahlreichen Stellen in der Stadtlandschaft erkennbar. Das Zusammenfügen des jahrelang zerschnittenen Stadtlebens kann nicht nahtlos erfolgen. Die Schnittstellen gehören zu Berlin, sie sind Erinnerungszeichen an eine überwundene, aber dennoch reale Vergangenheit, die uns in unterschiedlicher Gestalt begegnen: als unscheinbare Brache in der Stadt, als architektonischer Bruch zwischen Ost- und Westteil, als Aufeinanderprallen von Hochbauten und ländlicher Umgebung, als gänzlich neu geschaffene Stadtlandschaft – und als dauerhafter Mythos.

Zu den Orten, die eine besondere Mythoswirkung entfaltet haben, zählen der frühere US-amerikanische Kontrollpunkt Checkpoint Charlie, die Bernauer Straße und der Potsdamer Platz. Diese Namen waren und sind in engster Weise mit dem Begriff Mauer verknüpft. Checkpoint Charlie gilt als eines der großen Symbole der Ost-West-Konfrontation in Berlin. Der Ort übt heute für viele Touristen eine gleichsam magische Anziehungskraft aus. Die Abbildung der sich gegenüberstehenden amerikanischen und sowjetischen Panzerfahrzeuge im Jahr 1961 gilt als eines der eindrücklichsten Fotodokumente für die damals schwelende Kriegsgefahr. Heute ist der Ort in einem merkwürdig anmutenden Zwischenzustand: Die Phase der Grenzbrache und der anschließenden Großbaustelle ist überwunden, die Friedrichstraße kann wieder von Berlin-Mitte bis Berlin-Kreuzberg durchfahren werden, neue Gebäude, die die früheren

With the fall of the Wall, Berlin again acquired its old role as an large and unified city, but at the same time it was faced with completely new challenges. The unique task of growing together had to be faced with a combination of tradition and innovation. Numerous new projects have been realised in the last ten years to give the formerly divided city a coherent identity.
Even though the urban appearance of Berlin has seen extraordinary changes since the fall of the Wall and very few specific relics of the Wall now exist, the division caused by the Wall can still be seen at numerous points in the city.
These historical intersections include the former US American control point Checkpoint Charlie, Bernauer Strasse and Potsdamer Platz. These place names were intrinsically linked with the concept of the Wall.
Checkpoint Charlie is one of the great symbols of East-West confrontation in Berlin. The picture of American

se. Mais ces preuves concrètes sont indispensables, parce qu'elles rendent attentif et vigilent.
Avec la chute du mur, Berlin retrouva l'ensemble de son espace urbain d'autrefois et se retrouva en même temps face à de toutes nouvelles exigences. Il fallait, en faisant le lien entre la tradition et l'innovation, venir à bout d'une tâche unique, celle de ressouder la ville. De nombreux projets ont été réalisés ces dix dernières années, pour redonner à la ville divisée l'allure d'un tout.
Même si la physionomie de la ville a subi de grandes transformations depuis la chute du mur, et s'il ne reste que peu de reliques concrètes du mur, la cassure que causa le mur est encore visible en bien des endroits de la ville.
L'ancien poste de contrôle américain Checkpoint Charlie, la Bernauer Straße et la Potsdamer Platz font partie des coupures historiques. Ces noms étaient et sont encore liés très étroitement au mur.

Lücken schließen, sind errichtet, daneben werden Reminiszenzen an den Kontrollpunkt Checkpoint Charlie präsentiert; eine Multimedia-Inszenierung mit dem Titel „Schaustelle Checkpoint“ ist geplant. Der Einzug realen städtischen Lebens aber läßt noch auf sich warten: Er beansprucht sein eigenes Zeitmaß.

Ein anderer großer Symbolort der Geschichte der Berliner Mauer befindet sich an der Bezirksgrenze des ehemaligen Westbezirks Wedding und des Ostbezirks Mitte: die Bernauer Straße. Diese Wohnstraße, deren südliche Seite durch die Barrikaden bzw. durch die Mauer abgeriegelt wurde, war Schauplatz zahlreicher dramatischer Fluchtszenen. Menschen sprangen aus den Fenstern der plötzlich zum abgesperrten Gebiet gehörenden Häuserfronten, um auf das im Westteil gelegene Straßenpflaster zu gelangen. Spektakuläre Bilder gingen durch die Medien – Bilder, die für die Betroffenen Momente der Hoffnung, der Angst, Panik und oftmals auch des Todes bedeuteten. Fenster und Türen der Häuser wurden zugemauert, die Bewohner mußten ihre Wohnungen zwangsweise räumen und umziehen, die Häuser wurden schließlich bis auf die Erdgeschoßfassaden abgerissen. Diese Außenwände wurden zeitweilig zur sogenannten Vorderlandmauer, während sich die eigentlichen Grenzsperrbefestigungen dahinter befanden. Erst in der zweiten Hälfte der siebziger Jahre wurden die letzten Fassadenstümpfe beseitigt und durch den neuen Typus der Fertigbetonmauer ersetzt. 1985 wurde die Kirche der Evangelischen Versöhnungsgemeinde an der Bernauer Straße gesprengt – bis dahin stand sie eingemauert und unerreichbar auf dem Grenzstreifen. Bereits Jahre zuvor, 1963 bis 1966, waren Teile des Friedhofsgeländes der Sophiengemeinde zur Grenzanlage umfunktioniert worden: Die Gräber wurden umgebettet, der Friedhof wurde makabrerweise zum Todesstreifen. Mit dem 13. August 1961 war auch der U-Bahnhof Bernauer Straße, wie zahlreiche andere Bahnhöfe in der Stadt, geschlossen worden und verkam im Laufe der Jahre zum Geisterbahnhof. Die Bilder aus der Bernauer Straße spiegeln gespenstisch anmutende Szenen wider, eine absonderliche Welt jenseits von Leben und sinnhafter Ordnung. Und doch beherrschte diese Welt jahrzehntelang den Alltag.
Heute zeugen die gebäudefreie südliche Straßenseite und der anschließende breite Grünstreifen von der Vergangenheit: eine Leerstelle in städtischer Umgebung, die dem nicht wissenden Auge eine wildwachsende Grünflächenzone vorführt. Doch erste Markierungen,

Bernauer Straße 1981

Reichstag 1981

and Soviet tanks lined up opposite each other in 1961 is regarded as one of the most impressive photographic documents of the danger of war that existed at the time. Today, Checkpoint Charlie is in a strange inbetween state. The phase of border wasteland and the subsequent gigantic building site have passed – but it seems that in spite of the large number of visitors, real urban life has not yet taken root. The vitalisation of a location has its own time scale.

Another great symbolic site in the history of the Berlin Wall is Bernauer Strasse on the boundary between the former western district of Wedding and the eastern district of Mitte. The southern side of this residential street was sealed off by the barricades and the Wall, and it was the scene of numerous dramatic escape attempts. The front of the houses were declared a prohibited area, and people jumped from the windows in order to reach the street which was in the West. The windows and doors of the buildings were bricked in and the residents were compulsorily evacuated, and eventually the buildings were pulled down apart from the ground floor facades. For a time, these outer walls became the so-called front wall, whereas the border fortifications themselves were further back. It was only in the late 1970 s that the last vestiges of the facades were replaced by the new type of prefabricated concrete wall. In 1985, the Protestant Church of

Checkpoint Charlie est l’un des grands symboles de la confrontation Est-Ouest à Berlin. Pour beaucoup de touristes, ce lieu exerce comme une force d’attraction magique. La photo des chars américains et soviétiques se faisant face en 1961 compte parmi les documents photographiques les plus impressionnants illustrant le danger de guerre qui couvait. Actuellement, cet endroit se trouve dans un état intermédiaire étonnant: cette phase de la friche (sur la frontière) et du grand chantier contigu est depassée, et pourtant, on a l’impression que, malgré les nombreux visiteurs et touristes, il n’y a pas encore vraiment de vie à cet endroit. Pour qu’un lieu ait de la vitalité, il faut aussi du temps.
La Bernauer Straße, à la limite des quartiers de Wedding, jadis à l’Ouest, et Mitte, à l’Est, est un autre grand lieu symbolique de l’histoire du mur de Berlin. Cette rue bordée d’habitations, dont le sud était verrouillé par des barricades et le mur, fut le lieu de nombreuses évasions au destin tragique. Des hommes et des femmes sautèrent des fenêtres des maisons soudain séparées de l’Ouest par les barrières pour atteindre les pavés de l’autre côté de la rue, à l’Ouest. Fenêtres et portes des maisons furent murées, les habitants furent contraints de quitter les maisons qui furent finalement rasées jusqu’aux rez-de-chaussée. Ces façades servirent un temps de „premier mur“, alors que les vraies ins-

zugleich bewußte Erinnerungszeichen werden gesetzt: Mit der 1998 fertiggestellten Denkmalsanlage „Gedenkstätte Berliner Mauer“ und der im November 2000 eingeweihten „Kapelle der Versöhnung“ an der Stelle der ehemaligen Versöhnungskirche wird der frühere Todesstreifen allmählich neu geformt und belebt. Das im November 1999 eröffnete Dokumentationszentrum „Berliner Mauer“ in der Bernauer Straße trägt dazu bei, Geschichte, Erinnerung und Gegenwart dauerhaft miteinander zu verbinden.

Ein besonderer Ort ist auch der Potsdamer Platz. Einst als „verkehrsreichster Platz Europas“ gefeierte Straßenkreuzung mit der ersten automatischen Ampelanlage der Welt, wurde dieser Ort nach dem Mauerbau als Bestandteil des Grenzstreifens zu einer vergessenen Einöde. Die Gebäude in der Umgebung fielen dem Abriß zum Opfer; der Potsdamer Platz war vom Zentrum an die Peripherie gerückt. Nach dem Mauerfall entwickelte sich der Bereich Potsdamer Platz zu einem Planungs- und Investitionsobjekt erster Güte. Mit dem Einkaufszentrum Potsdamer-Platz-Arkaden und den Neubauten namhafter Firmenzentralen wurde ein gänzlich neuer Stadtbereich geschaffen, der eine zentrale Bedeutung in der wiedervereinigten Stadt erhalten sollte. Auf historisierende Anlehnungen an die frühere Architektur wurde bewußt verzichtet, der Blick richtete sich in die Zukunft. Ungeachtet der zwangsläufig unterschiedlichen Beurteilungen eines solchen städtebaulichen Neuversuchs: Der Vorwurf der Auslöschung der Vergangenheit erscheint hier nicht zutreffend. Das Fehlen jeglicher Sachspuren aus früherer Bauzeit läßt den radikalen Neubeginn einleuchtend erscheinen. Auch leugnet er die jahrzehntelange Zäsur nicht: Der architektonisch für Berlin nicht charakteristische Komplex am Potsdamer Platz vermittelt, daß es etwas Außergewöhnliches mit diesem Ort auf sich hat. Einige wenige noch vorhandene Spuren der früheren Vorderlandmauer im Umkreis des Potsdamer Platzes sorgten 1999 für Aufsehen. Die Absicht, die Mauerreste im Zuge der Neubebauung und Neugestaltung des Areals abzuräumen, erregte mancherorts heftigen Protest. Der Vorwurf der Geschichtsentsorgung war schnell formuliert. Doch bei näherer Betrachtung zeigt sich gerade an dieser Stelle, daß nicht jedes noch existierende Stück Mauer tatsächlich historischen Aussagewert hat oder Aufschluß darüber gibt, was die Mauer einmal bedeutet hat. Die bunten Graffiti der Nach-Wende-Zeit reduzieren die Grenzsperre zu einer harmlosen und verharm-

Dreilinden 1990

Kommandantenstraße 1999

Reconciliation on Bernauer Strasse was detonated – until then it had been on the border strip, enclosed by the Wall and inaccessible. From 1963 to 1966, parts of the cemetery of the Sophienkirche had already been transformed into border fortifications. The graves were relocated and, in a macabre twist, the cemetery became a death strip. On 13th August 1961 the underground station at Bernauer Strasse had been closed, and over the years it became a ghost station. Today, the southern side of the street has no buildings and is thus a testimony to the past, a gap in the urban context. But the first elements, which are also deliberately commemorative symbols, are being put in place. With the “Berlin Wall Memorial Site” completed in 1998, the “Chapel of Reconciliation” inaugurated on the site of the former Church of Reconciliation in 2000 and the “Berlin Wall” documentation centre opened in 1999, the former death strip is gradually being transformed and filled with life.
Another special site is Potsdamer Platz. Once a junction that was celebrated as the “busiest city square in Europe” and had the first automatic traffic lights in the world, this site became a forgotten wasteland after the Wall was built.
After the fall of the Wall, the area around Potsdamer Platz became a first rate planning and investment project. A completely new urban context has been created. The planners deliberately did not borrow from the

tallations frontalières se trouvaient derrière. C’est seulement dans la deuxième moitié des années soixante-dix que ces morceaux de façades furent remplacés par la nouvelle version du mur, en béton préfabriqué.
En 1985, l’église de la Réconciliation, de la paroisse évangélique Bernauer Straße fut démolit – elle était jusqu’alors emmurée et inaccessible, dans la zone frontière. Des années auparavant, de 1963 à 1966, des parties du cimetière de la „Sophiengemeinde“ avaient été transformées en installation frontalière: les tombes furent déplacées, le cimetière devint, macabrement, zone mortelle. Le 13 août 1961, le métro Bernauer Straße comme bien d’autres stations de la ville, avait été fermé et devint au fil des ans une gare fantôme.
Le côté sud de la rue, non bâti, porte encore les marques du passé: c’est un vide dans le tissu urbain. Mais les premiers jalons, qui sont aussi des marques conscientes du souvenir, sont posés: Le Monument commémoratif du Mur de Berlin, terminé en 1998, la „Chapelle de la Réconciliation“, inaugurée en 2000 sur les fondations de l’ancienne Eglise de la Réconciliation, et le centre de documentation „Le Mur de Berlin“, ouvert depuis novembre 1999, redonnent forme et vie à l’ancienne zone mortelle.
La Potsdamer Platz est également un lieu singulier. Cette place, équipée du premier feu de signalisation automatique du monde et dont le carrefour fut baptisé „la place la plus ani-

losenden Touristenattraktion. Aus historisch-dokumentarischer Sicht ist der Mangel an authentischen Mauerspuren in der Stadt durchaus zu bedauern, doch dieser Mangel kann nicht durch beliebige Bruchstücke ausgeglichen werden.

Große Aufmerksamkeit erregte auch die im Herbst 2000 entfachte Debatte über den geplanten Abriß eines noch vorhandenen Wachturms unweit des Potsdamer Platzes: Er soll der Neubebauung am Leipziger Platz weichen. Politiker und Historiker setzen sich nachhaltig für eine historisch verträgliche Lösung ein. Der Streit ist noch nicht abgeschlossen. Für vollendete Tatsachen hingegen wurde am Checkpoint Charlie gesorgt, wo im Dezember 2000 ein erhaltener Wachturm kurzerhand abgerissen wurde.

Sonnenallee 1999

Mahnkreuze, Reichstag 1999

Ein anderer Weg, die Mauerbrachlandschaft in die städtische Lebensumgebung zurückzuholen, wurde bei der Errichtung des neuen Wohnquartiers „Scharnhorsthöfe" an der Kieler Straße im Bezirk Mitte, unweit des Invalidenfriedhofs, beschritten. Das Häuserviertel, mit großzügigen begrünten Innenhöfen, liegt am Ufer des Kanals, der vor 1989 durch die Mauer abgegrenzt war. Als Zeugnis jener Zeit wurde nach der Wende auf Initiative des Hauses am Checkpoint Charlie ein Grenzwachturm stehen gelassen: wie ein Stolperstein, ein Zitat aus früheren Jahren, das in der neuen Umgebung sonderbar anmutet und zu Fragen anregt.
Nahe der Wohnanlage Kieler Straße findet man auch noch Reste der Originalmauer: Sie grenzen an den Invalidenfriedhof, den ältesten Berliner Militärfriedhof, auf dem zahlreiche hochrangige Vertreter des preußischen Militärs bestattet worden sind. Der Friedhof stand zur DDR-Zeit unter Denkmalschutz, jedoch wurden die zum Kanal hin liegenden Grabstätten beseitigt, als das betreffende Geländestück zum Grenzstreifen umgebildet wurde. Die historische Friedhofsummauerung wurde dabei zum Teil als Vorderlandmauer nach Westen benutzt.
Nach der Wende wurde der Friedhof aufwendig restauriert, was wegen der Grabstellen prominenter Militärs kontroverse Diskussionen hervorrief. Teile der Vorderlandmauer stehen noch und werden als denkmalgeschütztes Sachzeugnis auch erhalten bleiben.

Ein weiteres Beispiel bildet die sogenannte East-Side-Gallery. Es handelt sich um ein Stück Hinterlandmauer entlang der Spree im ehemaligen Ost-Berlin, an einer mehrspurigen Ausfallstraße

former historical architecture, they looked to the future instead. The Potsdamer Platz development is architecturally not characteristic of Berlin and conveys the message that there is something special about this site. A different way of restoring a living urban environment to the wasteland of the Wall was applied in the construction of the new residential area "Scharnhorst courtyards" on Kieler Strasse in Mitte, not far from the invalids' cemetery. The residential district with its generously vegetated inner courtyards is on the bank of the canal which was separated from the land by the Wall up to 1989. On the initiative of the Checkpoint Charlie museum, a border watch tower was left in place as a witness to the former period, and it now appears like a stumbling stone, a left-over from a bygone age which looks out of place in its new surroundings and provokes the beholder to ask questions.
Not far from Kieler Strasse there are also remains of the original Wall. They are next to the invalids' cemetery, the oldest military cemetery in Berlin in which many high-ranking Prussian military officers were buried. In the GDR period the cemetery was a listed monument, but the graves nearer the canal were removed when the land was transformed into part of the border strip. The historical cemetery wall was used as part of the front wall facing west.
A further example is the so-called East Side Gallery. It is a section of

mée d'Europe" devint après la construction du mur un coin complètement perdu. Après la chute du mur, le quartier autour de la Potsdamer Platz se transforma en un objet de planification et d'investissement de première qualité: un tout nouveau quartier fut crée. On renonça volontairement à reproduire l'architecture d'avant, les regards se portèrent sur l'avenir. Ce complexe architectural peu typique de Berlin sur la Potsdamer Platz indique qu'il y a là quelque chose d'extraordinaire.
La construction du nouvel ensemble d'habitations „Scharnhorsthöfe" dans la Kieler Straße à Mitte, non loin du Cimetière des Invalides, réinsère autrement les terrains vagues de la zone du mur dans le tissu urbain. L'ensemble de maisons, agrémentées de grandes cours intérieures paysagées, se trouve sur les bords du canal, qui était fermé par le mur avant 1989. En témoignage de cette époque, sur l'initiative de la Maison de Checkpoint Charlie, un mirador fut conservé: écueil, signe des temps révolus qui, dans son nouvel environnement semble bien étrange et qui invite à la réflexion.
Non loin de l'ensemble de la Kieler Straße, on trouve encore des restes du mur d'origine: ils touchent le Cimetière des Invalides, le plus vieux cimetière militaire de Berlin, où reposent de nombreuses personnalités de l'armée prussienne. A l'époque de la RDA, le cimetière était classé mais les tombes situées vers le canal

Richtung Süden gelegen. Die östliche Sichtseite wurde nach dem Fall der Mauer, gleichsam analog zu zahlreichen westlichen Mauerteilen, von Künstlern aus aller Welt vielfältig und farbenreich bemalt. Die Gemälde auf dem 1300 Meter langen Abschnitt sind inzwischen unter Denkmalschutz gestellt. Es handelt sich jedoch nicht um ein Dokument der Teilung selbst, es spiegelt vielmehr eine Variante des Umgangs mit der Mauer nach 1989 wider. Während der DDR-Zeit war auch dieses Mauerstück nur grauweiß und trist. Doch welcher heutige Betrachter weiß tatsächlich, daß die historische Wirklichkeit dieses auf der Ostseite gelegenen Mauerabschnitts nicht lebensfroh bunt war? Im Laufe der Jahre verblaßt, wurde die Mauer im Frühsommer 2000 durch die „Künstlerinitiative East-Side-Gallery“ saniert. Die Finanzierung übernahm der Verband der Lackindustrie.

Scharnhorststraße 1999

East-Side-Gallery 1999

Es gibt noch viele Orte und Ereignisse, auf die näher einzugehen sich anböte: die West-Berliner Protest-Zeltstadt auf dem damals zur DDR gehörenden Lenné-Dreieck im Frühsommer 1988, die verschiedenen En- und Exklaven wie der „Entenschnabel“ in Berlin-Frohnau. Oder Steinstücken im Süden Berlins, das, von DDR-Gebiet umgeben, zeitweilig aus der Luft versorgt werden mußte, bis die Siedlung nach dem Viermächte-Abkommen 1972 endlich durch eine (an den Seiten von der Mauer begrenzte) Straße mit West-Berlin verbunden wurde. Oder der Mauerpark entlang der Schwedter Straße, unweit der Bernauer Straße: eine Grünanlage auf dem Gebiet des früheren Todesstreifens, die die ehemalige Grenze in ein frei zugängliches Parkareal umgewandelt hat.

Die Abbildungen in diesem Buch belegen nur zu deutlich: Wer die Stadt mit aufmerksamen Augen betrachtet und aus den überlieferten Spuren und Formen lesen lernt, der entdeckt zahlreiche außergewöhnliche Orte und Zusammenhänge in Berlin. Die Sachzeugnisse der getrennten Vergangenheit und die Zeichen der neuen gemeinsamen Gegenwart geben der Stadt eine unverwechselbare, teils widersprüchliche, aber lebendige und vielschichtige Prägung.

the rear wall along the Spree in the former East Berlin which is situated next to a multiple lane main road to the south. After the fall of the Wall, the visible side on the east was painted with great variety and many colours by artists from all over the world, similar to the paintings which had been on many parts of the Wall that had faced west.
This 1300 metre long section has now also been declared a listed monument. But it is not actually a document of the division of the city — rather it reflects one variant of the way the Wall was treated after 1989. During the GDR period, this part of the Wall was also a drab greyish white.
There are many other places and events which could be treated in more detail, for example Steinstücken in the south of Berlin which was enclosed by GDR territory and had to be supplied temporarily from the air until, after the Four Power Treaty of 1972, the area was finally linked to West Berlin by a road (which was enclosed by the Wall on both sides).
The illustrations in this book show only too clearly that anyone who looks attentively at the city and learns to read the remaining signs and evidence will discover numerous extraordinary places and interrelationships in Berlin. The remains of the divided past and the signs of the new common present give the city an identity that is unmistakable, sometimes contradictory, but nevertheless living and richly varied.

disparurent lorsque l'on transforma cette partie en frontière. Le vieux mur du cimetière servit en partie de „premier mur“ vers l'Ouest.
Autre exemple: la East-Side-Gallery. Il s'agit d'une partie du deuxième mur, située le long de la Spree, dans l'ex-Berlin-Est. Le côté regardant vers l'Est fut, après la chute du mur, peint de toutes les couleurs par des artistes du monde entier, comme l'était souvent le mur à l'Ouest.
Ces 1300 mètres de mur sont entretemps classés eux aussi monument historique. Mais il ne s'agit pas d'un document de la division, ils reflètent plutôt une autre variante des rapports entretenus avec le mur, après 1989. Du temps de la RDA, ce morceau de mur était gris et triste.
Il y aurait encore bien des lieux et des événements dont il conviendrait de parler: Steinstücken au sud de Berlin, par exemple, encerclé par la RDA et qui dut un temps être ravitaillé par air, jusqu à ce que le hameau, grâce à l' accord quadripartite de 1972, soit enfin relié à Berlin par une route (bordée par le mur).
Les photographies présentées dans ce livre prouvent trés clairement que celui qui regarde attentivement la ville et apprend à lire dans les traces et les formes du passé découvrira beaucoup de lieux et de liens à Berlin. Les marques concrètes des deux passés différents et les signes du présent commun donnent à la ville son caractère propre, en partie contradictoire, mais vivant et varié.

Brandenburger Tor 1966

RGER TOR

BRANDENBURGER TOR

BRANDENBURGER TOR BRANDENBURGER TOR

Mit dem Fall der Mauer wandelte sich das Brandenburger Tor vom Mahnmal der Teilung zum Symbol der Einheit. Zuvor stand das 1791 erbaute Wahrzeichen 28 Jahre lang hermetisch abgeriegelt und isoliert von der restlichen Stadt im Todesstreifen. Seit 1994, als das legendäre Hotel Adlon östlich vom Tor in Bau ging, wird der barocke Pariser Platz wiederaufgebaut. Die Neubauten, wie die Häuser „Sommer" und „Liebermann" beiderseits des Brandenburger Tores, respektieren die historischen Maßstäbe.

When the Berlin Wall fell, Brandenburg Gate became a symbol of unity instead of a memorial to division. The symbolic building dating from 1791 had previously spent 28 years on the death strip, hermetically sealed from the rest of the city. Construction of the legendary Hotel Adlon to the east of the Gate began in 1994, starting the reconstruction of the baroque Pariser Platz. The new buildings, such as "Haus Sommer" and "Haus Liebermann" flanking the Gate, respect the historical dimensions.

Avec la chute du mur, la Porte de Brandebourg, emblème de la division, devint symbole de l'unité. Durant les 28 années du mur, le monument érigé en 1791 était resté enfermé hermétiquement et isolé du reste de la ville dans la zone mortelle. Depuis 1994, date à laquelle commença la construction du légendaire Hôtel Adlon, on reconstruit la très baroque Pariser Platz. Les nouveaux édifices, telles les villas „Sommer" et „Liebermann", qui encadrent la Porte de Brandebourg, respectent les normes historiques.

1999

BURGER TOR BRANDENBURGER TOR BRANDENBURGER TOR BRANDENBURGER TOR BRANDENBURGER TOR

Pariser Platz, Unter den Linden 1989

1999

Brandenburger Tor 1987

1986

1999

Mit dem Rücken zur Mauer stand das Reichstagsgebäude, das wenige Schritte nördlich vom Brandenburger Tor liegt. Auf West-Berliner Gebiet gelegen, verwaiste das ehemalige Parlamentshaus zum Denkmal deutscher Geschichte. Seit dem 19. April 1999 ist der über 100 Jahre alte Prachtbau Sitz des Bundestages. Für 604 Millionen Mark wurde der Reichstag zuvor vom britischen Architekten Sir Norman Foster entkernt, modernisiert und erhielt eine neue Glaskuppel. Ein neues Parlamentsviertel verbindet die ehemaligen Stadthälften.

The Reichstag building near Brandenburg Gate, stood with its back to the Wall. In West Berlin the former parliament building, which is over 100 years old, was a mere memorial to German history. Since 19th April 1999 it has been the home of the German parliament – after it had been hollowed out, modernised and fitted with a new glass dome by the British architect Sir Norman Foster at a cost of 604 million DM.
A new parliamentary district straddles the former boundary between East and West.

Le bâtiment du Reichstag, à quelques pas au nord de la Porte de Brandebourg, était adossé au mur. Situé à Berlin-Ouest, l'ancien siège du Parlement n'eut plus qu'un rôle commémoratif de l'histoire allemande. Depuis le 19 avril 1999, ce superbe édifice de plus de 100 ans est le siège du Bundestag. Par conséquent, pour 604 millions de DM, l'intérieur du Reichstag fut entièrement remanié et modernisé et une nouvelle coupole de verre fut reconstruite par l'architecte anglais Norman Foster. Les anciennes moitiés de la ville sont reliées par le nouveau quartier du gouvernement.

REICHSTAG

1971

Reichstagsgebäude 1988

REICHSTAG RE

1999

Tränenpalast 1966

Obwohl mitten in der „Hauptstadt der DDR“ gelegen, wurde der Bahnhof Friedrichstraße als Grenzübergang genutzt. Die beiden Bahnhofshallen waren in zwei voneinander abgeschirmte Bereiche getrennt: als S-Bahnhof für Ost-Berliner und S- und Fernbahnhof für West-Berliner. Allein der „Tränenpalast“, das Kontrollgebäude neben dem Bahnhof, ist als Zeugnis der alten Grenzanlage erhalten geblieben. Nach einem Umbau präsentiert sich die Grenzstation heute modern, licht und hell. Die Fassade aus den 20er Jahren wurde restauriert.

Although it was in the middle of the "capital of the GDR", Friedrichstrasse station was used as a border crossing. The two station halls were split into two separate and guarded segments: one for East Berlin urban transport and one for the link to the West. The "palace of tears", the control building next to the station, is the only remaining witness to the old border installations. After alterations, the border station is now modern and bright. The 1920 s facade has been restored.

Bien que située au milieu de la „Capitale de la RDA“, la gare de Friedrichstrasse servait de poste frontière. Les deux halls de gare étaient séparés en deux zones totalement indépendantes: une station de S-Bahn pour les Berlinois de l'Est, et une gare et station de S-Bahn pour les Berlinois de l'Ouest. Le „Palais des larmes“ à côté de la gare, où s'effectuaient les contrôles, reste le dernier témoignage de l'ancienne frontière. Depuis les transformations, le poste frontière est devenu un lieu moderne, lumineux et clair. La façade datant des années 20 fut restaurée.

CHSTRASSE

BAHNHOF FRIEDRICHSTRASSE

BAHNHOF FRIEDRICHSTRASSE

1999

Bahnhof Friedrichstraße 1999

FRIEDRICHSTRASSE BAHNHOF FRIEDRICHSTRASSE BAHNHOF FRIEDRICHSTRASSE BAHNHOF FRIEDRIC

1982

Invalidenfriedhof 1988

SCHARNHORSTSTRASSE

SCHARNHORSTSTRASSE SCHARNHORSTST

1999

Oft im verborgenen sind heute Reste der Grenzanlagen zu finden. An der Scharnhorststraße schluckte eine neue Wohnanlage den unter Denkmalschutz stehenden Wachturm, Ecke Kieler Straße. Das paradoxe Ensemble entstand durch ein Versehen. Der Turm wurde zwar geschützt, gleichzeitig aber das umliegende Areal als Bauland verkauft. Auf dem benachbarten Invalidenfriedhof ist noch ein Stück Hinterlandmauer zu sehen. Rigoros zog die DDR über den 1748 angelegten Heldenfriedhof die Grenzanlagen.

The former border fortifications are often difficult to find today. On Scharnhorststrasse, a new residential complex engulfed the guard tower at the corner of Kieler Strasse. It was actually an oversight – the tower was listed as a protected monument, but the surrounding land was sold as building land. Part of the rear death strip wall can still be seen on the adjacent invalids' cemetery. The GDR rigorously built its border fortifications across the heroes' cemetery which was created in 1748.

On retrouve souvent des vestiges de la frontière en des endroits dérobés. Scharnhorststrasse, au coin de la Kieler Strasse, le mirador, classé monument historique disparut au milieu d'un lotissement. Une erreur est à l'origine de cet ensemble insolite: en dépit du mirador monument classé, les terrains attenants furent vendus en terrain à bâtir. Dans le „Cimetière des Invalides" voisin, on voit encore un morceau de deuxième mur. La RDA fit passer la frontière de façon très rigoureuse à travers le cimetière des héros, datant de 1748.

Scharnhorststraße 1988

SCHARNHORSTSTRASSE SCHARNHORSTSTRASSE SCHARNHORSTSTRASSE SCHARNHORSTSTRASSE SC

1999

An vielen Orten hat der Bauboom die Spuren der Teilung Berlins noch nicht weggewischt. Am früheren Übergang Chausseestraße sind lediglich die Anlagen der Grenze verschwunden. Sogar die Straßenlaternen stammen noch aus DDR-Zeiten. Der in der Nähe liegende Friedhof der St. Hedwig-gemeinde kann wieder über die Liesenstraße betreten werden. Und die einst zugemauerte S-Bahnhalle Nordbahnhof führt erneut zu den unterirdischen Gleisen. Die DDR hatte die Station zum Geisterbahnhof verbarrikadiert.

In many places, the building boom in Berlin has not yet removed the traces of division. At the former Chausseestrasse crossing point, only the fortifications have been removed. Even the street lights date from the GDR period. The nearby St. Hedwig church can again be entered from Liesenstrasse. And the once bricked-in main entrance to Nordbahnhof urban railway station again leads to the platforms. The GDR barricades once made Nordbahnhof into a ghost station.

En de nombreux endroits de Berlin, l'essor de la construction n'a pas encore effacé les traces de la division. A l'ancien point de passage Chausseestrasse, seules les installations frontalières ont disparu: les éclairages publics datent de l'époque de la RDA. Non loin de là, on entre à nouveau dans le cimetière de la paroisse de Ste Edwige par la Liesenstrasse. Et le hall de la station du S-Bahn de la Gare du Nord, jadis muré, mène à nouveau aux quais souterrains. La RDA, en condamnant la station en avait fait une gare fantôme.

ESTRASSE **CHAUSSEESTRASSE** CHAUSSEESTRASSE CHAUSSEESTRASSE CHAUSSE

Friedhof Liesenstraße 1999

1981

Chausseestraße 1999

CHAUSSEESTRASSE CHAUSSEESTRASSE CHAUSSEESTRASSE CHAUSSEESTRASSE CHAUSSEESTRASS

1988

Nordbahnhof 1999

1990

Bernauer Straße 1979

BERNAUER STRASSE

Ein Ort tragischer Fluchtschicksale. Weil die Grenze genau entlang der Häuserfront am Südrand der Bernauer Straße verlief, wagten viele Berliner die Flucht mit einem Sprung aus höherliegenden Etagen auf West-Berliner Gebiet. Zwei Menschen starben dabei 1962. Die DDR riß später die Mietshäuser ab und sprengte im Januar 1985 die Versöhnungskirche, die im Todesstreifen stand. Auf dem Kirchen-Fundament wurde 2000 eine Kapelle der Versöhnung eingeweiht. An der Ackerstraße liegt die Mauergedenkstätte: ein etwa 140 Meter langes eingefriedetes Grenzland.

A site of tragic escape attempts. The border ran along the front walls of the houses on the south side of Bernauer Strasse, and many jumped into West Berlin from the upper storeys. In 1962, two people died doing so. The GDR later pulled down the buildings and in January 1985 detonated the Church of Reconciliation which was on the death strip. The Chapel of Reconciliation on the church foundations was inaugurated in 2000. The Wall Memorial Site in Ackerstrasse has 140 metres of enclosed border land.

Lieu d'évasion au destin tragique. Parce que la frontière longeait les façades des maisons, au sud de la Bernauer Strasse, de nombreux Berlinois tentèrent de fuir en sautant des fenêtres pour atteindre l'Ouest. Deux hommes périrent en 1962. Plus tard la RDA fit démolir ces maisons, puis exploser, en janvier 1985, l'Eglise de la Réconciliation, située sur la zone mortelle. Sur ses fondations, la Chapelle de la Réconciliation fut inaugurée en 2000. Le Monument commémoratif du Mur se trouve dans la Ackerstrasse: une zone frontalière clôturée, de 140 mètres de long.

1999

1967

1981

Versöhnungskirche 1981

1985

1985

RNAUER ST

Mauergedenkstätte 1999

1999

AUERPARK MAUERPARK MAUERPARK MAUERPARK MAUERPARK MAUERPARK MAUERP

MAUERPARK

Am östlichen Ende der Bernauer Straße, der Schnittstelle zwischen Wedding im Westen und Prenzlauer Berg im Osten Berlins, hatte die DDR-Führung noch vor dem Mauerbau ein Stadion errichtet. Neben dem Ludwig-Jahn-Stadion baute der Berliner Senat nach dem Mauerfall eine neue Sporthalle. Die 10 000 Zuschauer fassende „Max-Schmeling-Halle“ wurde 1997 eröffnet. Der angrenzende Mauerstreifen wurde zu einem Park für die Anwohner beider Bezirke begrünt. Die Reste der Hinterlandmauer im „Mauerpark“ dienen heute als Leinwand für Graffiti.

At the eastern end of Bernauer Strasse where Wedding in the West and Prenzlauer Berg in the East met, the GRD government built a stadium even before the Wall was built. After the fall of the Wall, the Berlin Senate built a new sports hall next to the Ludwig Jahn stadium. The “Max-Schmeling-Halle” opened in 1997 and holds 10,000 spectators. The adjoining border strip was made into a green park for the inhabitants of both districts. The remains of the Wall in the park are now used by graffiti sprayers.

Au bout de la Bernauer Strasse, vers l’est, entre Wedding à l’ouest et Prenzlauer Berg à l’est de Berlin, les dirigeants de la RDA avaient construit un stade avant la construction du mur. A côté du Stade Ludwig-Jahn, le Sénat de Berlin construisit, après la chute du mur, une nouvelle salle des sports: la salle Max Schmeling conçue pour 10 000 spectateurs, fut inaugurée en 1997. Le terrain avoisinant sur lequel passait le mur fut aménagé en parc pour les habitants des deux quartiers. Les vestiges du deuxième mur, dans le „Parc du Mur“, servent aujourd’hui aux graffiti.

Ludwig-Jahn-Stadion 1961

UERPARK MAUERPARK MAUERPARK MAUERPARK MAUERPARK MAUERPARK MAUERPARK MAUERP

1999

Mauerpark 1999

R STRASSE

BORNHOLMER STRASSE

BORNHOLMER STRASSE BORNHOLMER STR

Bösebrücke 1978

Am Grenzübergang Bornholmer Straße an der Bösebrücke öffneten sich in der Nacht des 9. November 1989 gegen 22.30 Uhr zuerst die Grenzschranken. Heute kann nicht nur die Brücke ohne Hindernisse passiert werden; auch der S-Bahnhof Bornholmer Straße, der 28 Jahre lang abgeschieden im Todesstreifen lag, ist wieder belebter Bahnknoten. Seit 1995 führt über die Brücke die erste Straßenbahnlinie, die von Ost- nach West-Berlin verlängert wurde. Das Areal der Grenzanlagen nutzt ein Gebrauchtwagenhändler.

Bornholmer Strasse border crossing was where the barriers first opened at about 10 : 30 on the evening of 9th November 1989. Now the bridge can be crossed unhindered and Bornholmer Strasse urban railway station, which was isolated in the death strip for 28 years, is now a busy transport junction again. The first tram line to be extended into West Berlin from the East, which was opened in 1995, crosses the bridge. Where the border fortifications were, there is now a used car dealer.

Dans la nuit du 9 novembre 1989 vers 22 heures 30, au poste frontière Bornholmer Strasse, au Pont de Böse, les barrières se levèrent. Aujourd'hui, ce n'est pas seulement le pont que l'on peut traverser sans encombre, mais aussi la station de S-Bahn Bornholmer Strasse, qui fut enfermée, pendant 28 ans, dans la zone mortelle. Elle est redevenue un noeud ferrovière important. Depuis 1995, passe sur le pont la première ligne de tramway qui fut prolongée de Berlin-Est vers Berlin-Ouest. Un vendeur de voitures d'occcasion s'est installé sur la zone frontière.

1999

Nordgraben 1987

NORDGRABEN

1987

Trügerische Idyllen hatte die Mauer geschaffen. Zwischen Pankow (Ost) und Reinickendorf (West) lag am Rande des Bahndammes verborgen ein Haus mit Garten – umzäunt durch die Mauer. Als die Grenze fiel, fiel auch das Idyll südlich vom Nordgraben. Das Industriegelände von Bergmann-Borsig, Jahrzehnte durch die Grenze im Zaum gehalten, expandierte Richtung Westen. Ausgerechnet auf dem Areal des Grenzhäuschens wurde eine neue Werkshalle gebaut.

The Wall created deceptively idyllic settings. Between Pankow in East Berlin and Reinickendorf in West Berlin, a house with a garden lay concealed next to the railway, surrounded by the Wall. When the Wall fell, the idyllic setting south of the Nordgraben also fell. The Bergmann-Borsig industrial complex, which had been held back for decades by the border, expanded westwards. And a new factory building was built on the land of the idyllic house by the border.

Le mur avait crée une fausse idylle. Entre Pankow (Est) et Reinickendorf (Ouest) se cachait une maison avec un jardin, le long des rails. Tout autour, le mur. Quand le mur tomba, l'idylle du Nordgraben tomba. Les usines Bergmann-Borsig, confinées dans les limites de la frontière se développèrent vers l'ouest; on construisit un nouvel atelier, juste à l'emplacement de la petite maison.

BEN NORDGRABEN NORDGRABEN NORDGRABEN NORDGRABEN NORDGRABEN NORDGRABEN NORD

1999

Am Sandkrug 1999

1976

STOLPE/ENTENSCHNABEL

STOLPE/ENTENSCHNABEL STOLPE/ENTE

Ein Kuriosum entlang des Mauermonstrums war auch der im Volksmund so genannte „Entenschnabel“ im Norden von West-Berlin. Wie ein Stachel ragte die Straße Am Sandkrug des Ortes Glienicke (DDR) in die Mauerstadt. Das ummauerte Terrain durchschnitt die Oranienburger Chaussee Richtung Frohnau. Westlich von Frohnau liegt ein weiteres Kuriosum: Noch wenige Jahre vor dem Mauerfall wurde der Übergang Stolpe-Süd für die Transit-Autobahn nach Hamburg gebaut. Heute ist die Anlage eine Raststätte.

One curious feature of the wall was the so-called “duck's beak” in the north of West Berlin. The road Am Sandkrug in Glienicke (GDR) extended into the enclosed city like a thorn. The terrain surrounded by the Wall cut through Oranienburger Chaussee on the way to Frohnau. To the west of Frohnau is another curious feature: only a few years before the fall of the Wall, the Stolpe-Süd border crossing was built for the transit motorway to Hamburg. It is now a service station.

Une curiosité le long du monstrueux mur fut aussi celle que les Berlinois appelèrent le „Bec de canard“, au nord de Berlin-Ouest. Une rue de Glienicke „Am Sandkrug“ (RDA), dépassait comme une épine à l'intérieur de la ville du mur. Le terrain entouré du mur coupait la Oranienburger Chaussée en direction de Frohnau. Autre curiosité à l'ouest de Frohnau: quelques années avant la chute du mur fut construit le point de passage Stolpe-Süd pour l'autoroute de transit vers Hambourg. C'est aujourd'hui un relais d'autoroute.

Stolpe-Süd 1999

1982

Nieder-Neuendorf 1982

EUENDORF

NIEDER-NEUENDORF

NIEDER-NEUENDORF NIEDER-NEUENDORF NIEDER-

Selbst natürliche Barrieren zwischen West-Berlin und dem Gebiet der DDR wurden zusätzlich mit einer Mauer gesichert. Den eingemauerten Berlinern blieb so nur die Ahnung von der Weite jenseits der Grenze, wie etwa der Blick von Heiligensee über die Havel nach Nieder-Neuendorf. Heute ist der Ort in Brandenburg ein beliebtes Ziel für stadtmüde Hauptstädter. Zehntausende Berliner zogen seit dem Mauerfall ins ländliche Umland. Auch in Nieder-Neuendorf entstand eine Familienhaus-Siedlung.

Even natural barriers between West Berlin and the GDR were secured with an additional wall. Thus, the enclosed people of Berlin could only guess at the expanse of country beyond the border, such as the view from Heiligensee across the Havel to Nieder-Neuendorf. The community in Brandenburg is now a popular place for people from the city to visit. Tens of thousands of people have moved beyond the city boundaries since the Wall came down. There is a family house estate in Nieder-Neuendorf, too.

Même les frontières naturelles entre Berlin-Ouest et la RDA furent renforcées par un mur. Aux Berlinois emmurés, il ne leur resta que l'idée de l'immensité au-delà de la frontière, comme la vue de Heiligensee par delà la Havel, vers Nieder-Neuendorf en Brandebourg la suggérait. C'est aujourd'hui un lieu prisé des Berlinois fatigués de la capitale. Depuis la chute du mur des milliers de Berlinois se sont installés dans les environs de la ville. A Nieder-Neuendorf aussi fut construit un lotissement.

1999

„Exklaven“ nannte man die Areale, die außerhalb der Mauerstadt Berlin lagen, aber dennoch der Stadt gehörten. Südlich von Nieder-Neuendorf und nördlich vom Bezirk Spandau befanden sich die Berliner Laubenkolonien Erlengrund und Fichtewiese. Die beiden Exklaven waren eingemauert. Um zu ihrer Laube zu gelangen, mußten die Kleingärtner über einen vergitterten Weg durch den Todesstreifen gehen. Bereits im März 1988 fiel dort die Mauer, das Gelände wurde an West-Berlin übergeben.

"Exclave" was the term used for areas which were beyond the walls of Berlin but still belonged to the city. South of Nieder-Neuendorf and north of Spandau were the Berlin allotment garden colonies of Erlengrund and Fichtewiese. Both exclaves were surrounded by walls. To get to their allotment gardens, the gardeners had to pass through a fenced-in path across the death strip. The Wall at this point already fell in March 1988 and the land was handed to West Berlin.

On appelait „exclaves“ les territoires qui étaient à l'extérieur de Berlin, la ville emmurée, mais qui appartenaient cependant à la ville. Au sud de Nieder-Neuendorf et au nord de Spandau se trouvaient les jardins ouvriers de Erlengrund et Fichtewiese. Les deux „exclaves“ étaient enmurées. Pour atteindre leur jardin, les propriétaires devaient traverser la zone mortelle et emprunter un chemin grillagé. Là-bas, le mur tomba déjà en mars 1988: le territoire fut donné à Berlin-Ouest.

KOLONIE ERLENGRUND

KOLONIE ERLENGRUND KOLONIE ERLENGRUN

Kolonie Erlengrund 1980

1980

1999

KOLONIE ERLENGRUND KOLONIE ERLENGRUND KOLONIE ERLENGRUND KOLONIE ERLENGRUND

Kolonien Erlengrund/Fichtewiese 1976

Bahnhof Staaken 1989

1999

Finkenkruger Weg 1989

F STAAKEN

BAHNHOF STAAKEN

BAHNHOF STAAKEN BAHNHOF STAAKEN BAHNHOF

Mit der Eisenbahn führte der Weg aus West-Berlin hinaus über streng abgeschirmte Grenzkorridore. Wer die Stadt in Richtung Hamburg verließ, fuhr im Ortsteil Staaken an Betonwänden vorbei. Heute ist der Grenzschlauch für die Bahn verschwunden. Wo früher die Mauer das westliche Ende Berlins markierte, halten heute Regionalzüge.
Am Finkenkruger Weg wurde eine neue Bahnstation gebaut. Nur die grünbewachsene Schneise erinnert noch daran, daß hier die Mauer verlief.

The railway lines out of West Berlin went through strictly sealed and guarded border corridors. Passengers leaving the city for Hamburg had to pass long concrete walls in Staaken in the western part of Spandau. Today, the narrow railway corridor between concrete walls has disappeared. Where the Wall once marked the western limits of Berlin, there is now a station for the regional rail service. The strip of greenery is the only reminder of the Wall that once stood here.

Le chemin de fer traversait la frontière dans un corridor hermétique. Quand on quittait Berlin-Ouest en direction de Hambourg, on longeait, à Staaken, des murs en béton. Aujourd'hui ce tuyau-frontière pour le train a disparu. Là où autrefois le mur délimitait l'ouest de Berlin, s'arrêtent aujourd'hui les trains de banlieue. A Finkenkruger Weg, on a construit une nouvelle gare. Seule la laie verte rappelle que le mur passait ici.

1999

Dorfkirche Staaken 1999

STAAKEN STAAKEN

STAAKEN

STAAKEN STAAKEN STAAKEN STAAKEN STAAKEN STAAKEN STAAKE

1989

Durch einen Gebietstausch ging der westliche Teil des Spandauer Ortsteils Staaken Ende 1945 in sowjetische Befehlsgewalt über. Mit dem Mauerbau wurde West-Staaken samt seiner Dorfkirche von 1712 vom Mutterbezirk abgenabelt. So kam es, daß der Grenzübergang für den Transitweg nach Hamburg an der Heerstraße eigentlich mitten auf Berliner Gebiet lag. Durch die Vereinigung wurde West-Staaken wieder ein Teil Berlins. Mauer und Kontrollstelle sind verschwunden.

In an exchange of territories at the end of 1945, the western part of Staaken in Spandau came under Soviet rule. The construction of the Wall isolated West Staaken and its village church dating from 1712 from Spandau and the rest of Staaken. Thus, the border crossing on Heerstrasse for the transit route to Berlin was actually on land owned by Berlin. In the process of reunification, West Staaken became part of Berlin again. The Wall and the border crossing point have now disappeared.

Par un échange de territoire, la partie ouest de Staaken, quartier de Spandau, tomba sous la domination soviétique fin 1945. Avec la construction du mur, West-Staaken et sa petite église datant de 1712 furent coupées de leur arrondissement. C'est la raison pour laquelle le passage frontière pour la voie de transit vers Hambourg dans la Heerstrasse, était en plein territoire berlinois. Avec la réunification, West-Staaken redevint une partie de Berlin. Le mur et le poste de contrôle ont disparu.

Staaken 1999

1989

1984

Die Abriegelung der Sacrower Heilandskirche zeigte die ganze Absurdität der Teilung. Obwohl am Westufer der Havel – also auf DDR-Gebiet – gelegen, wurde das Bauwerk von Ludwig Persius durch die Mauer vom Dorf Sacrow abgesondert. Die zwischen 1841 und 1844 erbaute Heilandskirche war damit nicht einmal für die Gemeinde zugänglich. Schon vor dem Mauerfall mit westlicher Hilfe restauriert, konnte bereits zum Heiligabend 1989 der erste Gottesdienst in dem Baudenkmal gefeiert werden.

The isolation of the Heilandskirche (Saviour's Church) in Sacrow showed the absurdity of the divided Germany. It was on the west bank of the Havel—on GDR territory—but the church built by Ludwig Persius between 1841 and 1844 was cut of from the village of Sacrow by the Wall, so not even the church members could get to it. The church was restored with western assistance even before the Wall came down, and the first service in the listed building was held on Christmas Eve in 1989.

L'enfermement de l'église Heiland de Sacrow prouvait l'absurdité de la division. Bien que situé sur la rive ouest de la Havel, donc en RDA, l'édifice de Ludwig Persius fut isolé du village de Sacrow par le mur. Construite entre 1841 et 1844, l'église de Heiland n'était donc pas accessible à la communauté. Restaurée avec les aides de l'Ouest avant la chute du mur, le premier service religieux fut célébré le soir de Noël 1989 dans ce monument historique.

SACROWER HEILANDSKIRCHE

SACROWER HEILANDSKIRCHE

Heilandskirche 1966

1999

ER BRÜCKE **GLIENICKER BRÜCKE** GLIENICKER BRÜCKE GLIENICKER BRÜCKE GLIE

Nicht weit von der Heilandskirche entfernt liegt die Glienicker Brücke, die Berlin mit Potsdam verbindet. Das 1907 errichtete Bauwerk war ein legendärer Schauplatz des Kalten Krieges. Über sie tauschten die USA und die Sowjetunion Spione aus. Der größte Agentenaustausch fand am 12. Juni 1985 statt. Damals wechselten 27 Personen die Seiten, davon 23 in Polen und der DDR inhaftierte US-Spione von Ost nach West, vier in die Gegenrichtung. Heute ist die Brücke eine unspektakuläre, aber attraktive Verbindung nach Potsdam.

Not far from the Heilandskirche is Glienicke Bridge, which links Berlin and Potsdam. The bridge was built in 1907 and became a legendary location in the Cold War as the point where the USA and the Soviet Union exchanged spies. The largest exchange involved 27 agents on 12th June 1985–23 US spies who were imprisoned in Poland and the GDR and were released to the West, and four persons were released to the East. Today the bridge is an unspectacular but attractive spot on the road to Potsdam.

Non loin de l'église Heiland se trouve le Pont de Glienicke qui relie Berlin à Potsdam. L'édifice construit en 1907 fut un des lieux légendaires de la guerre froide. Ici, les Etats-Unis et l'Union Soviétique échangèrent des espions. L'échange d'agents le plus important eut lieu le 12 juin 1985. Ce jour là, 27 personnes changèrent de côté: d'est en ouest, 23 espions américains détenus en Pologne et en RDA, et 4 dans l'autre sens. Aujourd'hui, le pont est une liaison peu spectaculaire mais attirante vers Potsdam.

Glienicker Brücke 1999

RÜCKE GLIENICKER BRÜCKE GLIENICKER BRÜCKE GLIENICKER BRÜCKE GLIENICKER BRÜCKE GLIENI

1977

Steinstücken 1999

REILINDEN

STEINSTÜCKEN/DREILINDEN

STEINSTÜCKEN/DREILINDEN STEI

1972

Wichtigstes Ausfalltor der West-Berliner Richtung Bundesrepublik Deutschland war der Kontrollübergang Dreilinden. Bis in die 80er Jahre verlief im Südwesten Berlins die einzige Autobahnverbindung zum Transitweg durch die DDR. Statt der Mauer, die die Trasse bis zum DDR-Kontrollpunkt Drewitz abschirmt hatte, entstand eine Schallschutzmauer. Das ehemalige Gelände der Kontroll-anlage wird seit 1993 zu einem Gewerbe-park verwandelt. Normalität herrscht auch wieder auf dem Weg zur einstigen Exklave Steinstücken.

The most important exit from the city for people travelling from West Berlin to the Federal Republic was at Dreilinden. Until the 1980 s, the only motorway link to the transit route through the GDR left Berlin in the south-west. The wall which once isolated the road to the GDR crossing point at Drewitz has been replaced by a sound protection wall. The former border crossing point is now being converted into a business park. Things are also normal on the route to the former exclave of Steinstücken.

Le poste de contrôle Dreilinden était une porte de sortie importante vers la République fédérale pour les Berlinois. Jusqu'aux années 80, la seule liaison autoroutière vers la voie de transit à travers la RDA passait au sud-ouest de Berlin. A la place du mur qui avait isolé et enfermé les voies jusqu'au point de contrôle de RDA Drewitz, un mur anti-bruit fut élevé. Depuis 1993, l'ancienne zone de contrôle se transforme en parc d'activités. La normalité est également revenue dans l'ancienne „exclave" Steinstücken.

Dreilinden 1999

1969

Kölner Damm 1999

KÖLNER DAMM

KÖLNER DAMM KÖLNER DAMM KÖLNER DAMM KÖLNER DAM

Selbst für den Abtransport von Müll wurden eigene Kontrollstellen errichtet. Von 1973 bis 1977 verlief der Mülltransport aus West-Berlin zu den Deponien in der DDR über den Kölner Damm im Bezirk Neukölln. Am Rande der Gropiusstadt sind die Grenzanlagen vollständig verschwunden. Die Natur hat sich das Gelände zurückerobert. Geblieben sind die Probleme, die durch die schlecht gesicherten Deponien entstanden sind. In der Frage der Müllentsorgung gibt es seit Jahren Zwist zwischen Berlin und Brandenburg.

There were even special control points for the transport of waste. From 1973 to 1977, the transport of waste from West Berlin to the waste tips in the GDR passed through Kölner Damm in the district of Neukölln. The border fortifications next to the Gropiusstadt estate have now disappeared and nature has taken over again. The problems resulting from poorly sealed waste tips have remained. For years there have been arguments between Berlin and Brandenburg about the disposal of waste.

On construisit même des postes de contrôle pour le transport des ordures. De 1973 à 1977, le transport des ordures de Berlin-Ouest vers les décharges en RDA passait par le Kölner Damm, dans le quartier de Neukölln. Aux limites de la Gropuisstadt, les installations frontalières ont complètement disparu. La nature a repris possession du terrain. Ne sont restés que les problèmes dus aux décharges mal conçues. Depuis des années, il y a un différent entre Berlin et Brandenbourg au sujet du traitement des ordures.

1973

ER DAMM KÖLNER DAMM KÖLNER DAMM KÖLNER DAMM KÖLNER DAMM KÖLNER DAMM KÖLNER DAMM

1973

Im äußersten Südosten von West-Berlin lag die direkte Verbindung zu dem Flughafen Ost-Berlins. Über die Waltersdorfer Chaussee in Neukölln führt heute noch der Weg zum Flughafen Schönefeld, der bis 2007 zum internationalen Großflughafen ausgebaut werden soll. Neben der Chaussee, auf einem der wenigen unbebauten Gebiete der Mauerstadt, wurde noch vor der Vereinigung eine Wohnsiedlung geplant. Am Rand des Neubau-Quartiers „Rudower Felder" ist die einstige Schneise der Grenze noch klar zu erkennen.

The direct link to East Berlin airport was in the extreme south-east of West Berlin. Even now, Waltersdorfer Chaussee in Neukölln is still the main road to Schönefeld Airport, which is planned to become a major international airport by 2007. Next to the road on one of the few undeveloped areas in the walled city, plans for a residential estate were drawn up even before reunification. The former strip of the border can still be clearly seen next to the new residential estate "Rudow Fields".

A l'extrême sud-est de Berlin-Ouest se trouvait la connexion directe pour l'aéroport de Berlin-Est. La route de l'aéroport de Schönefeld, qui sera transformé d'ici 2007 en aéroport international, passe toujours par la Waltersdorfer Chaussee à Neukölln. A côté de la Chaussée, sur l'un des rares terrains non contruits de la ville du mur, un lotissement fut encore projeté avant la réunification. A la lisière du nouveau quartier „Rudower Felder", on aperçoit encore très nettement la laie de la frontière.

WALTERSDORFER CHAUSSEE

WALTERSDORFER CHAUSSEE WALT

Waltersdorfer Chaussee 1963

1999

Sonnenallee 1977

SONNENALLEE

SONNENALLEE SONNENALLEE SONNENALLEE SONNENALLEE

Der Grenzübergang Sonnenallee gehörte zu den sieben Übergängen zwischen West- und Ost-Berlin. Nach dem Abriß der Grenzanlagen ist an der Straße zwischen Neukölln und Treptow nichts mehr von der Teilung zu spüren.
Nur eine Gedenktafel im Boden der Straße erinnert an den Tag der Maueröffnung.

Sonnenallee border crossing was one of the seven crossing points between West and East Berlin. But the border fortifications have been pulled down, and no traces of division are now visible on the road between Neukölln and Treptow.
A commemorative plaque on the ground is the only reminder of the day when the Wall was opened.

Le point de passage Sonnenalle compte parmi les 7 passages entre Berlin-Ouest et Est. Après la démolition des installations frontalières, il n'apparait plus rien dans la rue de la division, entre Neuköln et Treptow. Seule, une plaque enfoncée dans le sol de la rue rappelle le jour de l'ouverture du mur.

NALLEE SO

1999

Heidelberger Straße 1981

Kaum faßbar, daß diese Straße in Berlin-Treptow einmal zu den rabiatesten und menschenverachtendsten Grenzanlagen der Welt gehörte. Nicht nur mit Mauer und Stacheldraht ging hier die DDR zu Werke, sogar ein Graben entstand in der Heidelberger Straße. Stählerne Nagelgitter und Panzersperren machten den Todesstreifen unpassierbar. Heute fahren hier Autos entlang – wie auf jeder anderen Straße Berlins: Normalität statt Schrecken. Ein Gewerbebau von Siemens entstand auf Treptower Gebiet.

It is hard to believe that this street in Treptow was once part of the most brutal and inhuman border fortifications of the world. The GDR not only used concrete and barbed wire, they even dug a trench through Heidelberger Strasse. Steel nail grids and anti-tank obstacles made the death strip impassable. Today, cars drive through the street as they do anywhere in Berlin. Normality instead of terror. An industrial building has been built by Siemens on the Treptow side.

A peine imaginable que cette rue de Treptow ait pu un jour compter parmi les frontières les plus terribles et les plus inhumaines du monde. Il n'y avait pas que le mur et le barbelé. La RDA avait même fait creuser un fossé dans la Heidelberger Strasse. Des grilles aux piquants d'acier et des barrières antichars rendaient le zone mortelle impossible à traverser. Aujourd'hui, les voitures roulent comme sur toutes les routes de Berlin. Normalité plutôt qu'horreur.
A Treptow, Siemens a construit un bâtiment industriel.

R STRASSE

HEIDELBERGER STRASSE

HEIDELBERGER STRASSE HEIDELBERGER

1999

1978

HEIDELBERGER STRASSE HEIDELBERGER STRASSE HEIDELBERGER STRASSE HEIDELBERGER STRASS

1999

1981

BERGER ST … STRASSE HEIDE

1999

Görlitzer Brücke 1989

GÖRLITZER BRÜCKE

1969

Einst fuhren über die Brücke am Landwehrkanal die Züge in Richtung Görlitz. Gleich hinter dem Görlitzer Bahnhof, im West-Berliner Bezirk Kreuzberg gelegen, war sie jedoch ab 1961 Sackgasse. Hinter der Eisenbahnbrücke war Ost-Berliner Gebiet. Während der Bahnhof zu Mauerzeiten abgerissen wurde und statt dessen ein Park entstand, wurde die verschwundene Brücke nach dem Mauerfall erneuert. Diesmal jedoch als Fußgängerweg, der nach Treptow führt.

The bridge over the Landwehrkanal once carried trains heading towards Görlitz. It is situated just after Görlitz station in the West Berlin district of Kreuzberg, but in 1961 it became a dead end. Beyond the bridge was East Berlin territory. The station was pulled down and replaced by a park during the period when the Wall still stood, but the bridge was rebuilt after the fall of the Wall – but now it is just a pedestrian bridge leading to Treptow.

Jadis les trains pour Görlitz passaient sur le pont du Landwehrkanal. Juste derrière la gare de Görlitz, qui se trouvait à Kreuzberg, quartier de Berlin-Ouest, il devint cependant impasse dès 1961. Derrière le pont de chemin de fer, c'était Berlin-Est. Alors que la gare fut détruite à l'époque du mur et qu'un parc y vit le jour, le pont disparu fut, après la chute du mur, reconstruit. Pont piétonnier cette fois, menant à Treptow.

1999

Oberbaumbrücke 1967

UMBRÜCKE

OBERBAUMBRÜCKE

OBERBAUMBRÜCKE OBERBAUMBRÜCKE OBERBAU

Trennen statt verbinden mußte die Oberbaumbrücke über der Spree die Bezirke Kreuzberg und Friedrichshain bis 1989. Nach dem Mauerfall wurde das 1896 errichtete Bauwerk restauriert. Die stark kriegsgeschädigte „Grenzbrücke" erhielt ihre markanten Turmaufbauten im Stil der Backstein-Gotik zurück. Den modernen Mittelteil der Brücke entwarf der Spanier Santiago Calatrava. Seit Herbst 1995 fährt die U-Bahn, die durch den Mauerbau vom Bahnhof Warschauer Straße abgeschnürt war, wieder über die Oberbaumbrücke.

Until 1989, the Oberbaumbrücke bridge over the Spree divided Kreuzberg from Friedrichshain instead of linking the two districts. The "border bridge" dating from 1896 was heavily damaged in the Second World War. After the fall of the Wall it was restored and its "brick-built Gothic" towers were rebuilt. The modern middle section was designed by Santiago Calatrava from Spain. The underground railway, which was separated from Warschauer Strasse station by the Wall, now crosses the bridge again.

Jusqu'en 1989, le Oberbaumbrücke sur la Spree sépara plutôt qu'il ne relia les quartiers de Kreuzberg et Friedrichshain. Après la chute du mur, l'édifice construit en 1896 fut restauré. Le „pont-frontière", fortement endommagé pendant la guerre, retrouva sa tour de briques si particulière, de style gothique. L'Espagnol Santiago Calatrava conçut la partie moderne, située en son centre. Depuis l'automne 1995, le métro, qui était coupé par le mur de la station Warschauer Strasse traverse à nouveau le pont Oberbaum.

1999

OBERBAUMBRÜCKE OBERBAUMBRÜCKE OBERBAUMBRÜCKE OBERBAUMBRÜCKE OBERBAUMBRÜCK

OBERBAUMBRÜCKE OBERBAUMBRÜCKE OBERBAUMBRÜCKE OBERBAUMBRÜCKE OBERBAUMBRÜCK

1977

Gröbenufer 1999

Zwischen Oberbaumbrücke und Ostbahnhof zieht sich heute eine Mauer-Attraktion entlang: die East-Side-Gallery. Das 1,3 Kilometer lange Mauerband, an der Mühlenstraße im Ost-Teil der Stadt gelegen, wurde 1990 von zahlreichen Künstlern bunt bemalt. Wegen der vielbefahrenen Hauptstraße und mutwilliger Zerstörung sind etliche Wandgemälde fast unkenntlich geworden. Das Spreeufer hinter der Mauer soll zu einem Park umgestaltet werden.

Between Oberbaumbrücke and Ostbahnhof there is now a long attraction which commemorates the Wall: the East Side Gallery. This 1.3 kilometre stretch of wall on Mühlenstrasse in the eastern part of the city was brightly illustrated by numerous painters in 1990. Because of the busy main road and wanton destruction, some of the wall paintings are now almost unrecognisable. The bank of the Spree behind the Wall is to be converted into a park.

Entre le pont Oberbaumbrücke et la gare de l'Est se déroule aujourd'hui une attraction du mur: la East-Side-Gallery. Les 1300 mètres du mur, situé Mühlenstrasse dans la partie est de la ville, furent peints par de nombreux artistes en 1990. La circulation très dense et la destruction intentionnelle ont rendu presque méconnaissables nombre de peintures murales. Les berges de la Spree, derrière le mur seront aménagées en parc.

EAST-SIDE-GALLERY

E-GALLERY EAST-SIDE-GALLERY EAST-SIDE-GALLERY EAST-SI

Mühlendamm 1983

East-Side-Gallery 1990

1999

ERY EAST-SIDE-GALLERY EAST-SIDE-GALLERY EAST-SIDE-GALLERY EAST-SIDE-GALLERY EAST-SIDE-G

1999

Ostbahnhof 1983

OSTBAHNHOF

Der Bahnhof, der am östlichen Ende der Stadtbahn liegt, die Berlin durchzieht, befand sich durch den Mauerbau an der Peripherie von Ost-Berlin. Vor dem Haupteingang die DDR-Staatsgrenze, hinten sozialistische Wohnscheiben-Tristesse. Für 63 Millionen Mark wurde der Endpunkt für ICEs nach Plänen der Architekten Becker Gewers Kühn und Kühn aufwendig modernisiert. Ein InterCity-Hotel wurde gebaut. Der Einzug der Dresdner Bank in die neugebauten City Carrés haben das Bahnhofsviertel ebenso aufgewertet.

The Wall placed the station at the eastern end of the city railway through Berlin on the edge of East Berlin. In front of the main entrance was the GDR state border, behind it was the monotony of Socialist residential blocks.
The terminal station for ICEs was modernised to plans by the architects Becker Gewers Kühn and Kühn at a cost of 63 million DM. An InterCity hotel was built. The Dresdner Bank premises in the newly built city complex has enhanced the value of the area.

La gare, située à l'extrémité est de la S-Bahn qui traverse Berlin, se trouva, avec la construction du mur, à la périphérie de Berlin-Est. Devant l'entrée principale, la frontière de la RDA; derrière, la tristesse socialiste des appartements. Le Terminal des trains ICE a été modernisé (Coût: 63 millions de DM), sur les plans des architectes Becker Gewers Kühn et Kühn. Un hôtel InterCity a été construit. L'installation de la Dresdner Bank dans les tout nouveaux „City Carrés" a contribué à la mise en valeur du quartier.

1999

BETHANIENDAMM

BETHANIENDAMM BETHANIENDAMM BETHANIENDAMM

St. Thomas-Kirche 1988

Die Trostlosigkeit der Mauer wurde besonders im östlichen Bereich Kreuzbergs sichtbar. Von drei Seiten war das Stadtviertel eingeschlossen. Verloren ging dabei auch der Zugang zu einem Kleinod der Innenstadt: Entlang des Bethaniendamms lag der zugeschüttete Luisenstädtische Kanal, der 1925 zu einem beliebten Park begrünt wurde. Der Todesstreifen begrub den Park unter sich. Stück für Stück wird der Grünzug neben der St. Thomas-Kirche (1845 bis 1850 erbaut) nun wiederhergestellt.

The desolation of the Wall was particularly apparent in the eastern parts of Kreuzberg. The area was enclosed on three sides by the Wall. This also took away its access to a jewel of the inner city: Along Bethaniendamm was the line of the former Luisenstädtischer Kanal which had been filled in and made into a popular green park in 1925. The death strip buried the park. The area of greenery next to St. Thomas church (built 1845–1850) is now being gradually restored.

C'est dans l'est de Kreuzberg que la tristesse du mur était la plus frappante. Le quartier était enfermé sur trois côtés. L'accès à un joyau du centre-ville en fut perdu: le long du Bethaniendamm se trouvait le Luisenstädtischer Kanal, comblé et transformé en 1925 en un parc apprécié. Le zone mortelle recouvrit le parc. Petit à petit, on reconstitue cette coulée verte près de l'église St. Thomas, église construite entre 1845 et 1850.

1981

IENDAMM BETHANIENDAMM BETHANIENDAMM BETHANIENDAMM BETHANIENDAMM BETHANIENDAMM

1999

Bethaniendamm 1982

1999

1972

1999

Engelbecken 1999

ENGELBECKEN

Die Rekultivierung des Kanalparks ist am Engelbecken zwischen Leuschner- und Legiendamm am weitesten gediehen. Die von Grün wenig verwöhnten Kreuzberger nutzen gern die Anlage, in der denkmalsgerecht ein indischer Brunnen wiederaufgebaut wurde. Auf dem ehemaligen Grenzstreifen am Legiendamm entstanden zahlreiche Wohnhäuser, die dem Straßenzug wieder seine Form zurückgeben. Das ehemalige Gewerkschaftshaus am Engeldamm, 1927 bis 1930 nach Plänen von Bruno und Max Taut gebaut, wurde Sitz der ÖTV.

The recultivation of the canal park has progressed furthest at the "Engelbecken" between Leuschnerdamm and Legiendamm. Kreuzberg has little vegetation, so this park with its faithfully reconstructed Indian fountain is a popular site. Residential buildings are being built again on the former border strip at Legiendamm. The former trades union building on Engeldamm, built in 1927–1930 to plans by Bruno and Max Taut, is now the headquarters of the public services and transport union, ÖTV.

C'est au Engelbecken, entre le Leuschner et le Legiendamm, que la réorganisation du Parc du Canal est la plus avancée. Les habitants de Kreuzberg, peu gâtés en espaces verts, apprécient ce parc dans lequel on a reconstruit la fontaine indienne. Sur l'ancienne frontière, sur le Legiendamm, des maisons ont été construites, redonnant à la rue son allure. L'ancienne Maison des Syndicats sur le Engeldamm, construite entre 1927 et 1930 sur les plans de Bruno et Max Taut est devenue le siège de l'OTV.

1999

ENGELBECKEN ENGELBECKEN ENGELBECKEN ENGELBECKEN ENGELBECKEN ENGELBECKEN ENGELBEC

Leuschnerdamm 1981

Dresdener Straße 1968

1999

Engeldamm 1969

1999

Die brutale Wirkung der Stadtteilung auf historisch gewachsene Quartiere der Innenstadt ist an der Heinrich-Heine-Straße noch schmerzlich zu spüren. Die rücksichtslose Schneise des Todesstreifens zerschnitt die mehr als 250 Jahre alte Luisenstadt in zwei Welten. Wuchtige Plattenbauten der DDR und wilhelminische Mietskasernen treffen nördlich des Moritzplatzes aufeinander. Der Bau eines Wohnkomplexes südlich der Annenstraße (1997) für 500 Bewohner auf altem Grenzland hilft, die Stadtteile zu verbinden.

The brutal effect which the division of the city had on historical inner city districts can still be painfully felt on Heinrich-Heine-Strasse. The merciless course of the death strip tore the 250 year old Luisenstadt area asunder. Unwieldy concrete slab GDR buildings and dense tenement blocks from the Wilhelm period met to the north of Moritzplatz. The construction of a residential complex for 500 inhabitants on the former border south of Annenstrasse (1997) helps to unite the two districts.

La brutalité de la division de la ville dans les quartiers historiques du centre se fait encore douloureusement sentir dans la Heinrich-Heine-Strasse. Le passage inconsidéré de la zone mortelle coupa la Luisenstadt, vieille de 250 ans, en deux mondes. Les lourds HLM de l'époque de la RDA et les maisons-casernes de l'époque wilhelminienne se heurtent au nord de la Moritzplatz. La construction d'un complexe de logements pour 500 personnes au sud de l'Annenstrasse (1997), sur la frontière, aide à unir les parties de la ville.

E-STRASSE

HEINRICH-HEINE-STRASSE

HEINRICH-HEINE-STRASSE HEINRICH-

Heinrich-Heine-Straße 1986

1999

RASSE HEINRICH-HEINE-STRASSE HEINRICH-HEINE-STRASSE HEINRICH-HEINE-STRASSE HEINRICH-HEINE

Kommandantenstraße 1976

NSTRASSE

KOMMANDANTENSTRASSE

KOMMANDANTENSTRASSE KOMMANDA

1999

Durch den Mauerbau wurden etliche Straßen zu düsteren Gassen, die nur wenige als Fußweg nutzten. Deshalb scheute man sich in West-Berlin lange Jahre davor, direkt neben der Mauer zu bauen. Zusammen mit dem ehemaligen Grenzgelände entstand nach der Wende südlich vom Spittelmarkt somit ein riesiges Bauareal. Die Erweiterung der Bundesdruckerei in der Kommandantenstraße mit der ziegelsteinverkleideten Fassade der Architekten BHHS & Partner gehört zu den spannungsreichsten Bauten des neuen Berlin.

The construction of the Wall made some streets into dark alleys which only a few intrepid souls used as pathways. For many years, people in West Berlin were reluctant to build next to the Wall. This factor and the former border land created an enormous area of building land south of Spittelmarkt after the fall of the Wall. The extension of the Federal Printing Works in Kommandantenstrasse, with the brick facade designed by BHHS & Partner, is one of the most dynamic buildings of the new Berlin.

Avec la construction du mur, nombre de rues devinrent des ruelles peu empruntées par les piétons. C'est pour cette raison que longtemps à Berlin-Ouest, on n'osa pas construire le long du mur. C'est ansi qu'après le „tournant“, avec l'ancienne frontière, on disposa d'un immense terrain constructible au sud du Spittelmarkt. L'extension de l'Imprimerie Fédérale, dans la Kommandantenstrasse, et sa façade de briques, des architectes BHHS & Partner compte parmi les réalisations les plus intéressantes du nouveau Berlin.

TRASSE KOMMANDANTENSTRASSE KOMMANDANTENSTRASSE KOMMANDANTENSTRASSE KOMMANDA

Bundesdruckerei 1999

Axel-Springer-Haus 1966

1999

KOCHSTRASSE

Der Zeitungsverleger Axel Springer setzte mit dem Bau seines Verlagshauses direkt an der Mauer in der Kochstraße bewußt ein sichtbares Zeichen. Das goldglänzende, 19geschossige Hochhaus, zwischen 1961 und 1966 gebaut, sollte den unbeugsamen Freiheitswillen der West-Berliner signalisieren. Die Antwort der DDR-Regierung waren vier Hochhauspaare entlang der nahen Leipziger Straße. Nach dem Mauerfall wurde das Verlagshaus 1994 durch einen Anbau erweitert. Weitere Neubauten auf dem Areal sind seit 2000 im Bau.

The publisher Axel Springer was deliberately symbolic when he built his company headquarters next to the Wall in Kochstrasse. The shining 19 storey tower building, built between 1961 and 1966, was designed to express the immutable will to freedom of the West Berliners. The GDR government responded with four pairs of tower buildings on Leipziger Strasse. After the fall of the Wall, the publishing company added an extension building in 1994. Further new buildings have been in construction since 2000.

Le géant de la presse, Axel Springer, en implantant volontairement ses bureaux juste à côté du mur, voulait signifier quelque chose: l'immeuble de 19 étages, brillant comme de l'or, construit entre 1961 et 1966 symbolisait l'inébranlable désir de liberté des Berlinois de l'Ouest. En réponse, la RDA planta 4 paires d'immeubles sur la Leipziger Strasse voisine. Après la chute du mur, en 1994, les Editions Springer s'agrandirent. D'autres bâtiments sont en construction depuis 2000.

Kochstraße ca. 1978

KOCHSTRA

RASSE KO

1999

1986

Zimmerstraße 1999

RSTRASSE

ZIMMERSTRASSE

ZIMMERSTRASSE ZIMMERSTRASSE ZIMMERSTRASSE

Aus dem Todesstreifen hinter dem Springer-Verlag, der die historische Friedrichstadt in zwei Bereiche teilte, ist wieder die normale Zimmerstraße geworden. Etliche Neubauten sind in den letzten Jahren entstanden. So wurde der Gebäuderest des Verlagshauses Mosse nach dem Entwurf von 1921/22 ergänzt und rekonstruiert. Zwischen der Charlotten- und Markgrafenstraße wurde ein buntes Häuserkarree des Italieners Aldo Rossi realisiert. An dieser Stelle verblutete am 17. August 1962 der 18jährige Peter Fechter im Grenzstreifen.

The death strip behind the Springer building, which split the historic Friedrichstadt into two, is now Zimmerstrasse again. Some new buildings have arisen over the last few years, such as the building of the Mosse publisher designed in 1921/22 which has been supplemented and reconstructed. The brightly coloured block between Charlottenstrasse and Markgrafenstrasse was designed by the Italian Aldo Rossi.
On 17th August 1962, the 18 year old Peter Fechter bled to death at this point on the border.

Le zone mortelle derrière les Editions Springer, qui divisait la vieille Friedrichstadt en deux, est redevenu la très normale Zimmerstrasse. De nombreux immeubles y ont été construits ces dernières années. Le reste de la maison d'édition Mosse fut reconstruit et complété selon les plans de 1921/22. Entre la Charlotten et la Markgrafenstrasse fut réalisé par l'architecte italien Aldo Rossi un carré de maisons colorées. C'est à cet endroit de la zone-frontière que mourut le 17 août 1962 Peter Fechter, âgé de 18 ans.

1999

RSTRASSE ZIMMERSTRASSE ZIMMERSTRASSE ZIMMERSTRASSE ZIMMERSTRASSE ZIMMERSTRASS

1962

Checkpoint Charlie 1987

CHECKPOINT CHARLIE

Friedrichstraße 1999

Dieser Grenzübergang an der Friedrichstraße, der nur von Ausländern und den Alliierten passiert werden konnte, ist noch heute der bekannteste Kontrollposten. Im Oktober 1961 eskalierte hier die Konfrontation zwischen den US-Truppen und der Sowjetarmee. Panzer standen sich gegenüber. Statt der Abfertigungshallen stehen heute Bürogebäude auf dem Grenzareal. Auffällig ist das graulila verkleidete Gebäude des US-Architekten Philip Johnson. Ebenso sehenswert das dreieckige Haus von Josef Kleihues (Mauerstraße).

This border crossing on Friedrichstrasse, which could only be used by foreigners and the Allies, is still the most famous control point. The confrontation between the US troops and the Soviet army escalated here in October 1961 when tanks faced off against each other. But now the former border area has office buildings instead of border huts. The grey and purple faced building by the US architect Philip Johnson is striking, and the triangular building by Josef Kleihues (Mauerstrasse) is also worth noting.

Ce poste-frontière de la Friedrichstrasse, que ne pouvaient emprunter que les étrangers et les alliés est aujourd'hui encore le plus célèbre. Ici, en octobre 1961, la confrontation entre les troupes américaines et soviétiques s'intensifia. Les chars se faisaient face. Là où se trouvaient les bâtiments de la douane s'élèvent des bureaux. On y remarque surtout l'immeuble à la façade gris-mauve de l'architecte américain Philip Johnson. Remarquable également, l'immeuble triangulaire de Josef Kleihues (Mauerstrasse).

ALLIED
Military
CD
30
30
YOU ARE LEAVING
THE AMERICAN SECTOR
ВЫ ВЫЕЗЖАЕТЕ ИЗ
АМЕРИКАНСКОГО СЕКТОРА
VOUS SORTEZ
Zimmerstraße
SIE VERLASSEN DEN AMERIKANISCHEN SEKTOR
ALL BRITISH MILITARY VISITORS TO EAST BERLIN REPORT TO SIDE WINDOW
CD 56-03
XK 81

1986

ETL Center
MAUERSTRASSE 86-88
Zwielicht
j.w.d.

YOU ARE LEAVING
THE AMERICAN SECTOR
ВЫ ВЫЕЗЖАЕТЕ ИЗ
АМЕРИКАНСКОГО СЕКТОРА
VOUS SORTEZ
DU SECTEUR AMÉRICAIN
SIE VERLASSEN DEN AMERIKANISCHEN SEKTOR
US ARMY
NEUE ZEIT
Höchste Zeit!
Network Office Checkpoint Charlie: Service von A-Z.
• Mieteinheiten von 50 bis 15.000 m²
• Hochgeschwindigkeitsnetz für Telefon und Daten
• Telefonieren mit "Least-Cost-Routing"
• Best-Buy-Service für Waren- und Dienstleistungen
• CC-Online-Service
und weitere Leistungen, die der Zeit voraus sind.
call: 030-22330
CHECKPOINT CHARLIE
surf: www.checkpoint-charlie.de
MUSEUM
HAUS AM
CHECKPOINT
CHARLIE
40 m

1999

OPIUS-BAU

MARTIN-GROPIUS-BAU

MARTIN-GROPIUS-BAU MARTIN-GROPIUS-B

Am westlichen Ende der Zimmerstraße, Niederkirchnerstraße genannt, trennte die Mauer zwei prachtvolle Altbauten. Der Martin-Gropius-Bau auf West-Berliner Gebiet wurde zur 750-Jahr-Feier der Stadt im Jahre 1987 restauriert. Nach einer erneuten Sanierung wird er künftig als Kunsthalle genutzt. Der ehemalige Preußische Landtag, der, im Grenzbereich liegend, streng bewacht wurde, ist heute Sitz des Berliner Parlaments. Hinter den Mauerresten befinden sich Spuren der Verbrechenszentralen aus der NS-Zeit: die Ausstellung „Topographie des Terrors".

In Niederkirchnerstrasse, the Wall separated two splendid old buildings. The Martin Gropius building in West Berlin was restored for the city's 750th anniversary celebrations in 1987. After further renovation it will now be used as an art gallery. The former Prussian parliament, which lay in the border area and was heavily guarded, is now the seat of the Berlin parliament. Behind the remains of the wall, the exhibition "Topography of Terror" shows exhibits linked with the Nazi period.

Au bout de la Zimmerstrasse, appelée Niederkirchnerstrasse, vers l'ouest, le mur séparait deux splendides édifices. Le Martin-Gropious-Bau, à Berlin-Ouest, fut restauré en 1987 pour le 750ème anniversaire de la ville. Après une nouvelle restauration, il sera utilisé pour les expositions d'art. L'ancien siège du Parlement prussien, situé dans la zonefrontière, était très surveillé. Il est maintenant le siège du Parlement berlinois. Derrière les restes du mur se trouvent les traces des centrales de crimes datant de l'époque nazie: l'exposition Topographie de la Terreur.

Preußischer Landtag, Martin-Gropius-Bau 1999

1988

1988

„Topographie des Terrors“ 1999

PIUS-BAU MARTIN-GROPIUS-BAU MARTIN-GROPIUS-BAU MARTIN-GROPIUS-BAU MARTIN-GROPIUS-

1999

Am Potsdamer Platz riß die DDR am 11. November 1989 das erste Stück der Berliner Mauer heraus. Jahre später entstand hier die wichtigste Baustelle Berlins, auch „Europas größte Baustelle“ genannt. Die Bauherren Daimler-Chrysler, Sony und A + T errichteten an diesem legendären Platz mit über fünf Milliarden Mark ein neues Stadtzentrum. Seit der Eröffnung der ersten Geschäfte, Hotels und Kinos am 3. Oktober 1998 wurde das prominenteste Opfer der rigorosen Spaltung zu einem pulsierenden Großstadtviertel.

Potsdamer Platz was where the GDR pulled down the first piece of the Wall on 10th November 1989. Years later it became the most important building site in Berlin and was known as “Europe’s largest building site”. At a cost of over five billion DM Daimler Chrysler, Sony and A + T built a new city centre in this legendary location. Since the first shops, hotels and cinemas opened on 3rd October 1998, the most prominent victim of the rigorous division has become a pulsating big city area again.

Sur la Potsdamer Platz, le 10 novembre 1989, la RDA fit tomber le premier morceau de mur. Des années après s’ouvrit le chantier le plus important de Berlin, appelé aussi „le plus grand chantier d’Europe“. Daimler-Chrysler, Sony et A+T élevèrent sur cette place légendaire un nouveau centre-ville, dont le coût dépasse 5 milliards de DM. Depuis l’ouverture des premiers magasins, hôtels et cinémas le 3 octobre 1998, la victime la plus célèbre d’une division rigoureuse s’est transformée en un effervescent quartier de grande ville.

MER PLATZ

POTSDAMER PLATZ

POTSDAMER PLATZ POTSDAMER PLATZ POTSDAMER

Potsdamer Platz 2000

1999

1987

WER
DIE STAATSGRENZE
MIT GEWALT
EINRENNEN WILL/
WER AN DER MAUER
PROVOZIERT/
MACHT ALLES
NUR SCHLIMMER!
Bellevuestraße
11-22
Potsdamer Platz

1966

S-Bahnhof Potsdamer Platz 1999

1990

1999

Reste der Grenzanlagen befinden sich überall in der Stadt verteilt. Dazu kommen noch Orte der Mahnung und Erinnerung. Im Invalidenpark, nahe dem ehemaligen Grenzübergang, wurde vom Franzosen Christian Girot ein Brunnen mit versinkender Mauer errichtet. Kopfsteinpflaster im Straßenbelag markiert in weiten Teilen den Mauerverlauf. Erhalten wurde ein Wachturm im Schlesischen Busch in Treptow. Kreuze am Reichstag erinnern an die zahlreichen Mauertoten. In der Niederkirchnerstraße ist ein Stück Mauer erhalten, an der East-Side-Gallery wurde sie zur Leinwand. Ein Muß für Mauer-Interessierte: das Haus am Checkpoint Charlie.

Remains of the border can be found all over the city. There are also memorial and commemorative sites. In the Invalidenpark near the former border crossing, a fountain with a sinking wall was designed by Christian Girot from France. In many places, cobblestones in the street mark where the border was. A guard tower has been preserved in Schlesischer Busch in Treptow. Crosses by the Reichstag remind us of the many people who died at the Wall. A piece of Wall is preserved in Niederkirchnerstrasse; the Wall became a canvas in the East Side Gallery. And the Checkpoint Charlie museum is a must for anyone interested in the Wall.

On retrouve partout dans la ville les restes de la frontière. A ceux-ci s'ajoutent les lieux de commémoration et de souvenir. Dans le parc des Invalides, proche de l'ancien passage-frontière, une fontaine du Français Christian Girot, dans laquelle s'abîme le mur, a été édifiée. Des pavés dans l'asphalte marquent fréquemment le tracé du mur. Une tour de contrôle dans le Schlesischer Busch à Treptow a été conservée. Des croix près du Reichstag rappellent les nombreux morts du mur. Dans la Niederkirchnerstrasse, on a conservé un morceau du mur, sur la East-Side-Gallery, il est toile de fond. Un must: la maison de Checkpoint Charlie.

MAUERGEDENKEN

MAUERGEDENKEN MAUERGEDENKEN MAUERGEDENKEN

Mauergedenkstätte 1999

Haus am Checkpoint Charlie 1999

Invalidenpark 1999

Schlesischer Busch 1999

Martin-Gropius-Bau 1999

East-Side-Gallery 1999

MAUERGEDENKEN MAUERGEDENKEN MAUERGEDENKEN MAUERGEDENKEN MAUERGEDENKEN MAU

Reichstag 1999

AlliiertenMuseum 1999

DIE AUTOREN

Dr. Gabriele Camphausen
ist Historikerin und geschäftsführende Direktorin der Stiftung „Topographie des Terrors". Zugleich führt sie den Vorsitz beim Verein „Berliner Mauer – Dokumentationszentrum und Gedenkstätte" und ist Mitherausgeberin von dessen Publikation „Berliner Mauer" (Jaron 2001).

Christian Bahr
ist seit 1992 Redakteur der „Berliner Morgenpost"; primär widmet er sich den Themen Stadtplanung und Baupolitik. Sein Standardwerk über die Architektur des neuen Berlin „Sprung in die Zukunft" (Jaron 1999) gehört aktuell zu den erfolgreichsten Berlinbüchern.

Günter Schneider
arbeitet als freiberuflicher Fotograf mit dem Spezialgebiet Architektur- und Luftbildfotografie. Er verfügt über ein umfangreiches Bildarchiv und ist der Fotograf zahlreicher Bildbände, so von „Berlin – Die Sehenswürdigkeiten" (Jaron 1999) und „Berlin in Luftbildern" (Jaron 2000).

REGISTER

BILDQUELLEN

Berliner Mauer – Archiv, Hagen Koch: S. 22 o., 23 o.
Bundesarchiv Koblenz: S. 34/35 o. (183/86085/1 N)
Landesbildstelle Berlin: S. 6 re., 12, 18 li., 20 o., 21 u., 26 u., 29 u. li., 36, 40 re., 41 u., 45 u., 54 u., 55 u., 57 o., 57 u., 58, 60, 63 o., 66 o., 66 u., 68, 70 u., 74, 79 o., 82 o., 83 o., 86o., 93 u., 95, 105 u.
Michael Richter, Berlin: S. 27 u., 106 u.
Ullstein Bilderdienst: S. 6 li. (Peter Leibing), 42 (Andreas Hampel), 50 (Gert Hilde), 88 o. li., 89

Alle anderen Fotos: Günter Schneider

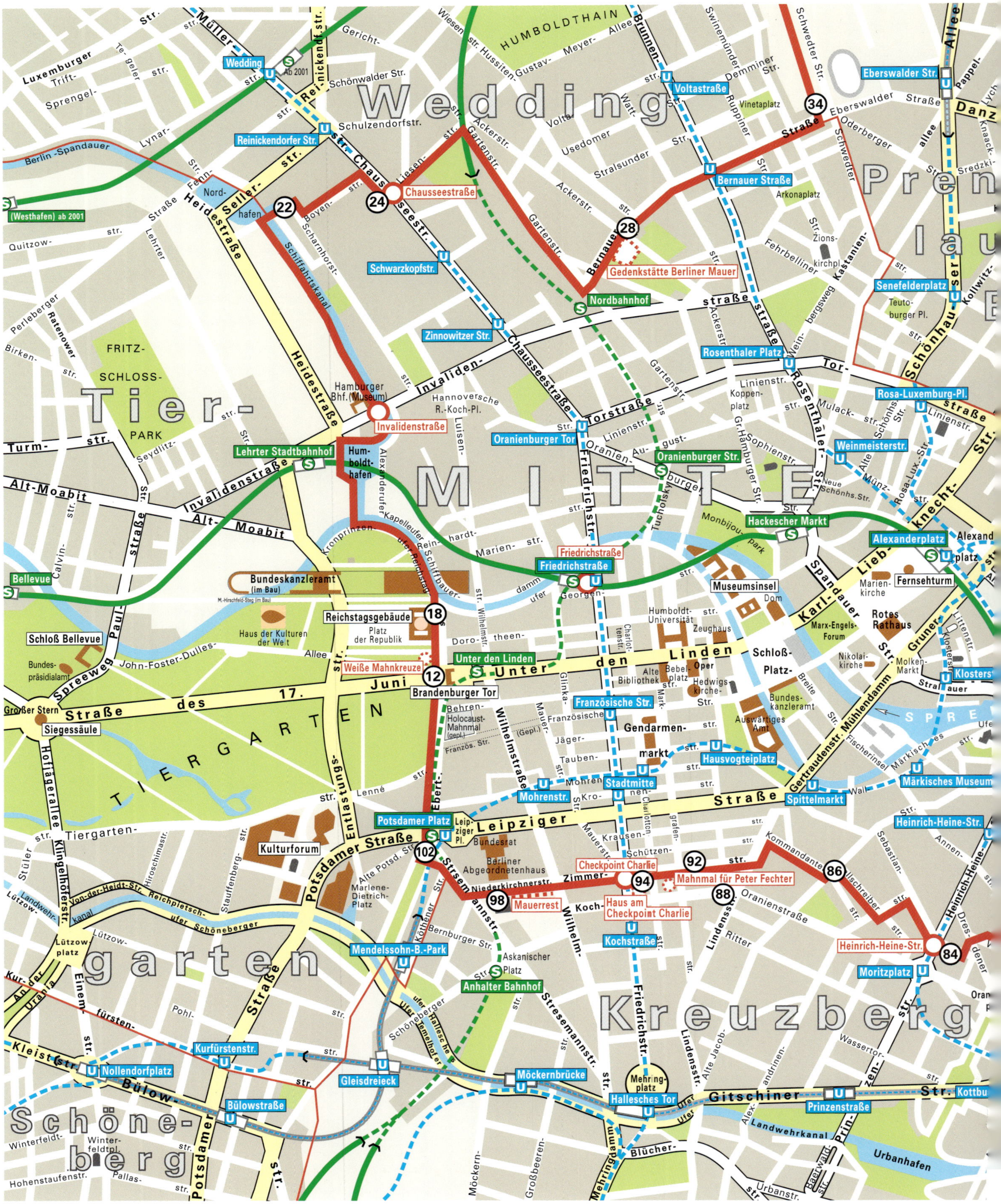
Wedding
Prenzlauer Berg
Tier-garten
MITTE
Kreuzberg
Schöne-berg
HUMBOLDTHAIN
FRITZ-SCHLOSS-PARK
TIERGARTEN
Wedding
Ab 2001
Reinickendorfer Str.
Schwarzkopfstr.
Zinnowitzer Str.
Chausseestraße
Invalidenstraße
Hamburger Bhf. (Museum)
Lehrter Stadtbahnhof
Humboldthafen
Nordhafen
(Westhafen) ab 2001
Bellevue
Schloß Bellevue
Bundespräsidialamt
Großer Stern
Siegessäule
Bundeskanzleramt (im Bau)
Reichstagsgebäude
Platz der Republik
Haus der Kulturen der Welt
Weiße Mahnkreuze
Brandenburger Tor
Unter den Linden
Holocaust-Mahnmal (gepl.)
Potsdamer Platz
Kulturforum
Bundesrat
Berliner Abgeordnetenhaus
Mauerrest
Checkpoint Charlie
Haus am Checkpoint Charlie
Mahnmal für Peter Fechter
Kochstraße
Mendelssohn-B.-Park
Anhalter Bahnhof
Askanischer Platz
Möckernbrücke
Gleisdreieck
Kurfürstenstr.
Nollendorfplatz
Bülowstraße
Hallesches Tor
Mehringplatz
Prinzenstraße
Kottbusser Tor
Moritzplatz
Heinrich-Heine-Str.
Märkisches Museum
Spittelmarkt
Hausvogteiplatz
Stadtmitte
Mohrenstr.
Französische Str.
Gendarmenmarkt
Friedrichstraße
Oranienburger Tor
Oranienburger Str.
Nordbahnhof
Gedenkstätte Berliner Mauer
Bernauer Straße
Voltastraße
Rosenthaler Platz
Weinmeisterstr.
Hackescher Markt
Alexanderplatz
Fernsehturm
Marienkirche
Rotes Rathaus
Museumsinsel
Dom
Humboldt-Universität
Zeughaus
Oper
Alte Bibliothek
Hedwigskirche
Schloßplatz
Bundeskanzleramt
Auswärtiges Amt
Marx-Engels-Forum
Nikolaikirche
Molkenmarkt
Klosterstr.
Rosa-Luxemburg-Pl.
Senefelderplatz
Eberswalder Str.
Arkonaplatz
Vinetaplatz
Zionskirchpl.
Teutoburger Pl.
Koppenplatz
Monbijoupark
Hannoversche Str.
R.-Koch-Pl.
Lützowplatz
Landwehrkanal
Urbanhafen
Spree
Alt-Moabit
Straße des 17. Juni
Leipziger Straße
Potsdamer Straße
Torstraße
Invalidenstraße
Heidestraße
Friedrichstr.
Wilhelmstraße
Stresemannstr.
Gitschiner Str.
Oranienstraße
Karl-Liebknecht-Str.
Schönhauser Allee
Brunnenstr.
Ackerstr.
Gartenstr.
Rosenthaler Str.
Spandauer Str.
Mühlendamm
Gertraudenstr.
Lindenstr.
Kommandantenstr.
Entlastungsstr.
Ebertstr.
Lennéstr.
John-Foster-Dulles-Allee
Spreeweg
Hofjägerallee
Klingelhöferstr.
Kleiststr.
Bülowstr.
Blücherstr.
22
24
28
34
18
12
102
98
94
92
88
86
84